Society Digital Bible

The Gospel of Luke in Efate, New Hebrides

Tus narogorogoanauia ki Iesu Kristo, nawote nagmolien anigita. Luka eka mitira

Society Digital Bible

The Gospel of Luke in Efate, New Hebrides
Tus narogorogoanauia ki Iesu Kristo, nawote nagmolien anigita. Luka eka mitira

ISBN/EAN: 9783337086169

Printed in Europe, USA, Canada, Australia, Japan

Cover: Foto ©Lupo / pixelio.de

More available books at **www.hansebooks.com**

Tus narogorogoanaui

ki

Iesu Kristo,

Nawota nagmolien anigita.

Luka eka mitiria.

LUKA.

NIMETNAFIS.

1. Tealaba te ruka faguna ... ... co-gorogoana gi seratrogo ... ... bakiigita,

2. Tebeloana, nara ... ... libiana namitera bo bi tasila g... ... ... kinia bakiigita;

3. Tewanaga e mo kwia sinou, taka ba selafea usi berakati bakoutia, aga manago mitiria ega lena Teofile nawot,

4. Kuga ataisuki nafilesokoena gi nafisana mouana ruka tikiataikosa.

5. ¶ MALOANA, Erote eka meramera Iutaiasa, natamole toumafa iskei eka toko, nagiena Sakaria, nakeinaga ni Abia: go anagaruni nani Aron iskei, nagiena Elisabet.

6. Go raka rua lena nirai ni Atua bo to usi bakouti nafisuakien go natonakiena gi Nawota, raka tiba merisa mou.

7. Go nanira eka tika, Elisabet teka ruma, go intoura eka laba

8. Go eka fakilini, nai teka to wisiwis nawisiena gi natamole toumafa nirai ni Atua nalio ni aginai nakeinaga,

9. E takusi subwi natamole toumafa eka fi te aginai ega sili nasuma gi Nawota bo tubwaraki teanabowia.

10. Go nerei laba ruka to bakonti ekatema mal na tubwaraki teanabowiana.

11. Go agelo gi Nawot eka fakilini kinia bo tu matuena ni fata ini teanabowia.

12. Go Sakaria eka libisia bo tururuis go namtakuen eka fakilini kinia.

13. Go agelo eka fisabakinia, *bo tuli*, Ba tiba mitaku mou, Sakaria: teka rogi nafiran aginago; go amagaruni Elisabet ego managobiselaki totou nanoi, go bo so nagiena ki Ioane.

14. Go nago kugo maro bo lailai; go tealaba rugo lailai nafakilinien aginai.

15. Tego matua nirai Nawot, go ego tiba mun wain go namunuen kasua mou; go ego bura ki Nimaruna Tab ba nakwela ni bwilena.

16. Go ego bati tealaba gi nani Israel rugo meraroa baki Nawot Atua aginara.

17. Go ego bea kinia bobo ni Elaia go nakasuan aginai, ega bati nakbo tematua ega meraroa baki totou, go natamole sigsigleo namitamatuan gi natamole lena; ega merisukisuki nerei ruga toraki Nawot.

18. Go Sakaria eka fisabaki agelo, *bo tuli*, Ago atai toanaga insefa? tabi nimarik, go agagaruni intouna laba.

19. Go agelo eka fisateraia bo tuli, Kinu a bi Kabriel, a tu nirai ni Atua; go eka tubwakiluou aga tuli narogorogoanaui wanaga bakigo.

20. Go, baleo, kugai bunutana bo biso sarafi baki naliati wan seratrogo mouanaga ego bakilinasa, kuka tiba seralesoko nafisan aginou mou e bi inlaken, nalion ego sokos mal agana.

21. Go nerei ruka teraki Sakaria, ruka maga natokasuen aginai asuma tab.

22. Go eka faki ekatema bo bisa sarafi bakita: go ruka ataia teka libi teafakilini nasuma tab: teka tu tasuki bakita, eka fi busa tu.

23. Go eka fakilini noubwe nawisien aginai ekai nu, go eka faki nasum aginai bano.

24. Naliati mouanaga rukai nu, go Elisabet anagaruni eka tiena, go eka tumana tasurikinian atulagi lima, bo tuli,

25. Takanoanaga Nawot eka maginou batia naliati eka lobakinou ega selalu toane natamol ruka futuliousa.

26. Go atulagi kelatesa Atua eka tubwakilu agelo, Kabriel, ega faki natokon ini Kalilai, nagiena Nasaret.

27. Ega fa libi mitaona, anuwota nagiena Iosef, nakeinaga gi Tafit ; go nagie mitaona Mere.

28. Go agelo eka sili banamai libisia bo tuli, Ba maro, E trutrumiko, Nawot e neko toko : e bisakwiakigo seranagaruni.

29. Go eka libisia bo tururu nafisan aginai, go eka mitroasera nafisatafiena netu e naga ega kua.

30. Go agelo eka tikinias, Ba tiba mitaku mou, Mere : te ku bagmouri insouwiana ki Atua.

31. Go, baleo, kugo tiena bo biselaki toton nanoi, go bo so nagiena ki IESU.

32. Nai ego matua go rugo seki Nani natakinabakilag, go Nawot Atua ego tuai trono gi Tafit anafa :

33. Go ego meraki nakeinaga gi Iakob baki serali; go namerameran aginai ego tiba nu mou.

34. Go Mere eka fisabaki agelo, bo tuli, Toanaga ego tubalise ? ta tiba atai te nanoi mou.

35. Go agelo ika fisateraia bo tuli, Nimaruna Tab ego banamai matoako, go nakasuana gi Nataskinabakilag ego melugoriko: tewanaga Teatab kugo biselakinia rugo mero seki Nani Atua.

36. Go, baleo, Elisabet intama e bi fiteriki bo tiena ki totou: go atulagi wanetou e bi kelatesa aginai ruka seas e ruma tu.

37. Atua te tiba batsarafi te namatuna mou.

38. Go Mere eka tuli, Baleo, nagaruni gi Nawot; ega fakilini kinou ega takusi nafisan aginago. Go agelo eka mwilu tua kinia bano.

39. Go Mere eka tulena maloan bo ban marafirafi baki alia intafa, baki natokona iskei ni Iuta;

40. Go eka sili nasuma gi Sakaria bo bisatafi Elisabet.

41. Go eka fakilini, Elisabet teka rogi nafisatafiena gi Mere go totou eka soka nakwelinasa; go Elisabet eka fura ki Nimaruna Tab:

42. Go eka fioso naliona kwila, bo tuli, Eka fisakwiakigo seranagaruni, go eka fisakwiaki nua nakwelima.

43. Go toanaga e maginou ba se banamai, bwile Nawot aginou te banamai libisiou ?

44. Baleo, wan nalio nafisatafien aginago eka sili intaligagu, totou eka soka nalailaien nakweligu.

45. Go nai taka seralesoko e maro: tealaba Nawot eka tikinias, naliou ego sokos.

46. Go Mere eka tuli, Nakbogu e seralomatua Nawot,

47. Go Nimarugu e lailai Atua Natemutiou.

48. Teka mitroaki nagaruni atara aginai te tika ki seratrogo: baleo, ba maloanaga serintagonatamole te rugo soou ki a maro.

49. Nai te skinamiel teka maginou bati seratrogo matua, go nagien e tab.

50. Go e rogaisa toane ru mitoukinia serintagonatamole

51. Narun e merigasua; e sabiriki natamole merimitaga namitroena gi nakbora.

52. E busiliki nawota ki trono, go e busaki natamole mole.

53. E bakafuka ki natamole bitelo ki teawia; go e tubwatubwa sogaleba ru bura bato.

54. E bakamarmaro Israel nikarikik aginai bo mitroaberakati natrumien;

55. Tebeloan eka fisabaki temagita, baki Abraam go naworaworana serali.

56. Go Mere eka nea mato, mesa atulagi tolu, bo liliu baki sum aginai.

57. Go mal nafiselana gi Elisabet eka fakilini; go eka fiselaki totou nanoi.

58. Go intana go nakan kiena ruka rogi takanoai Nawot eka trumia bikwila; go nara me nai ruka mou maro.

59. Go eka fakilini naliati kelatolu te ruka fanamai ruga tefe totou: go ruka seki nagie anafa Sakaria.

60. Go bwilena eka fisaterara bo tuli, E tika me loane ego bi nagiena.

61. Go ruka tikinias, Te intama e tiba selnagiena wanaga mou.

62. Go ruka tasuki baki anafa, insefa e mesouna ega bi nagiena.

63. Go eka fitago nababa namtirien bo mitiriasa, Nagiena Ioane. Go ruka nou magas.

64. Go nagolina eka bamaoto marafirafi, go namenana *eka wia*, go eka fisa bo bisakwia ki Atua.

65. Go namtakuen eka fakilini ki bakouti nakan kieta taliferi: go ruka trogorogki seratrogo mouanaga useriki bakouti worintafa ni Iutaia.

66. Go tealaba te ruka to rogia, ruka fatiitu nakbora bo tuli, Totou wanaga ego bati ega tubalise? go naru Nawot eka nea toko.

67. Go Sakaria anafa eka fura ki Nimaruna Tab go eka fi brofeta bisa bo tuli.

68. Tuga bisakwia ki Nawot Atua gi Israel; te banamai libi nerei aginai bo netiluira,

69. Bo manigita ake nabati namutiena tulena nasuma gi Tafit karikiki aginai;

70. Tebeloana eka ba selafea tulia nagoli nabrofeta tabu aginai:

71. Tega mutiigita ki waluatugita, go ki naru tealaba oane ru bubosukiigita;

72. Ega bati natrumiena baki temagita, go ega mitroaberakati nafisaleen tabu aginai;

73. Nafisan naskemouena eka skemouis baki Abraam temagita,

74. Tega fuluigita ki naru waluatugita bo tuigitas tuga tika ki namtakuena aileis,

75. Ki bobomwaru go ki namerilenana niraiena sera naliati agi namourien anigita.

76. Go nago totou rugo soko ki brofeta gi Nata-skina-bakilag: te kugo fea ki nirai Nawot bo merisukisuki nabua aginai;

77. Kuga fiseiki aginai nerei nabua namutien, te batilu nasigsigleoen aginara,

78. Natrumiena matua gi Atua anigita e bi inlakena; namirama ini elag e aliatibisaki-igitasa,

79. Ega miramani toane ru to nimaligo go melu nimatiena, ega belaki natuogita baki nabua netomate.

80. Go totou eka to lebaleba go eka kasua nimaruna, go eka to lia milati baki naliati wan eka fakilini ki Israelis.

LUKA II.

1. Go eka fakilini maloan Kaisar Aukusito eka tonakinia ruga mitiri bakouti sernifanua mouanaga.

2. Go namtirien wanetu eka be fakilini, Kurinio e bo bi Nawot ini Siria.

3. Go ruka fano bakouti ruga mitirira, serasatamole baki natokona berakatina.

4. Go Iosef eka mera ba Kalilaia, mwilu natokon ini Nasaret, baki Iutaia, baki natokona gi Tafit.

5. Ruga mitiria mera Mere anagaruni, e bo tiena.

6. Go eka fakilini naru te ru mato luwana, naliati nafiselan aginai eka fakilini.

7. Go eka biselaki nanina takaleb, go eka fifisia kulikul, go eka lisia eka entano siloa ni os: aginara alia teka tika nasuma.

8. Go natamole leogor siib ruka tu nifanua wan, ruka tu nabega bo to loberakati siib aginara naloon ini bog.

9. Go baleo, agelo gi Nawot eka fakilini kita, go namatuana gi Nawot eka miramanira, go ruka mitaku namtakuena kwila.

10. Go agelo eka tikitas, Ko tiba mitaku mou; wani, baleo, a banamai trogorogki narogorogo-anauia, bakimu kuga maros ega bikwila, go seranerei.

11. Wani maio oanaga Natemuti e magumu bakilini natokona gi Tafit, nai e bi Kristo Nawot.

12. Go toanaga ego magumu bi nafeifeien; kugo bagmouri totou ru fifisia kulikul e entano siloa ni os.

13. Go marafirafi nakau naburou, manu, ruka fakilini nara me agelo ruka mou toko bo tu semani Atua, bo tuli.

14. Namatuan e bi agi Atua alia elagmou, go netemate e to intano, bobowia ki natamole.

15. Go eka fakilini, wan agelo ruka mwilu tua kira baki naburou ban, natamole leogor siib ruka tumara tikitas, Tugai bano baki Betleem bo libi toane e bakilini, Nawot e tikiataigitas.

16. Go ruka moutoro banamai go ruka fag-mouri Mere me Iosef, go totou e bo entano siloa ni os.

17. Go ruka libisia bo trogorogki seratrogo eka tikitas naleo totou wanetu.

18. Go tealaba wai ruka rogia ruka maga toane natamole leogor siib ruka tikitas.

19. Go Mere eka bai seratrogo mouanetu bo mitroasukia nakbona.

20. Go natamole leogor siib ruka liliu bo tu seralomatua Atua bo tu semania seratrogo laba ruka rogia go libisia tebeloai eka tikitas.

Go naliati latolu e nu, ruga tefe totou is, go ruka so nagiena ki IESU, agelo eka seas te wo tiba to nasumankanoa mou.

22. Go naliatia gi nabagaranuen aginara, e takusi nafanouena gi Mose, e nu, go ruka felakia baki Ierusalem ruga batia ega to n rai Nawot;

23. Tebeloai ruka mitiria nafanouena gi Nawot, Ruga so sertakaleb ki te e tabu ki Nawot;

24. Go ruga bitu intoumafan e takusi toane ruka tulia nafanouena gi Nawot, Taroa rua kite kafine fusafusa rua.

25. Go, baleo, natamole iskei eka mato Ierusalem, nagiena Simeon, go nai wanetu natamole lena go e mitouki Atua, bo toraki nafukaliena gi Israel: go Nimaruna Tab ika matoos.

26. Go Nimaruna Tab eka fiseikinias egai tiba libi nimatiena mou ba ba egai be libi Kristo gi Nawot.

27. Go eka fanamai Nimaruna baki nasuma tab: go tematua raka to belaki totou, Iesu, baki imrou, raga manai bati e takusi subwi nafanouena.

28. Go nai eka selatia naruna, eka fisakwis ki Atua, bo tuli.

29. Nawot, ku bo turubisi tasil aginago ega usi netomale bano, e takusi nafisan aginago:
30. Wani namitagu te libi namutien aginago.
31. Toane ku merisukisukia nirai seranerei;
32. Namirama ega miramabisaki serinlounabota, go namatuana gi aginago nerei Israel.
33. Go Iosef me bwilena raka to maga seratrogo eka tuliasa.
34. Go Simeon eka fisakwia kita, go ika fisa baki Mere bwilena *bo tuli*, Baleo, wanetu e an tealaba Israel ruga troasa bo mo tulenasa, go ega bi tea nafeifeien ruga tulsakinia;
35. (Go lofa ego mero lousei aginago nakboma), namitroana gi bobo laba tegai enlin.
36. Go Ana brofeta nagaruni, nani Fanuel, nimiterou ni Aser: intouna eka labakasu, nai me anuwota rakai rua toko intou larua, aginai nafinataran te be nu;
37. Go nai malib mesa intouna relima latolu temati bate, eka tiba mwilu nasuma tab mou, eka to silei *Atua* ki nabaliena go natafisafisana bog go aliati.
38. Go nai eka sili banamai our iskeimou wan bo mo surosuroki Nawot, go eka bisas baki tealaba wai ru bo toraki nanetiluana Ierusalem.
39. Go rukai bati bakouti seratrogo e takusi nafanouena gi Nawot, bo liliu baki Kalilai, baki natokon aginara Nasaret.
40. Go karikik oka to lebaleba, go eka kasua nimaruna bo bura ni namitamatuana; go insouwiana gi Atua eka matoos.

41. Go tematua aginai raka to baki Ierusalem serintou nalioana gi nafalikouiena.

42. Go intouna rukai relim ekei temati rua, go ruka saki baki Ierusalem tabau subwi nalioana.

43. Naliati rukai nu, go raka io liliu, Iesu Karikik eka mato Ierusalem; go Iosef me bwilena raka tiba ataia mou.

44. Raka mitroakinia nai me tealaba le ru mou usi nabua, bo bano nabua naliati iskei; go raka bilagas intara go natamole aginara,

45. Go raka tiba bagmouria mou bo liliu baki Ierusalem bo tu bilagas.

46. Go eka fakilini naliati tolu e nu, go ruka fagmouria nasuma tab, e bo toko emalebuto ki natamole fiseiki, e bo rogira bo mo bousuusiera seratrogo.

47. Go natamole laba te ru bo tu rogia ruka seramakoto namitroataiena go nafisateran aginai.

48. Go raka libisia bo serabiriis, go bwilena eka tikinias, Totou, iguanaga ku batigami tebeloanetu? baleo, kinarni mera mafa raka to bilagako bo rogitesaas.

49. Go eka fisa bakita bo tuli, Insefa ku to bilagaous? ku tiba ataia mou te bi aginou aga gono ki sernalio gi mama kite?

50. Go nara raka tiba mitroatai nafisan e tikitas mou.

51. Go nai me nara ruka mou sua bau bo banamai baki Nasaret, go eka to rogi naleora: go bwilena eka to mitroasuki bakouti seratrogo mouanaga nakbona.

52. Go Iesu eka to lebaleba namitamatuana go nakwatokona go nasouwiana gi Atua go natamolo.

III.

1. Intou relim iskei temati kelima gi nameramerana gi Tiberio Kaisar, Bontio Bilato e bo bi nawota gi Iutaia, go Erote e bo bi nawota ini Kalilaia, go Filibo bwaluna e bo tu bi nawot ini Ituraia go nifanua Trakoniti, go Lusanio e bo tu bi nawota ni Abilene.

2. Ana go Kaiafa ra bo tu bi nabou natamole toumafa, nafisana gi Atua eka fakilini ki Ioane nani Sakaria lia milati.

3. Go eka fanamai baki sernifanua malitiga ki Iortan bo tu fanou tuli nababtaisiena gi nasubofaoena nasigsigleoen tega nu;

4. E takus toane ruka mitiria tusi nafisana gi Esaio brofeta, bo tuli, Nalio nata iskei e bo tu bioso lia milati, ko merisukisuki nabua gi nawot, ko bati nalifan ega lena.

5. Sera nabwaloa ego bura, go sera intafa go tefalu ego bakitan; go tea tageli ego mero lena, go nabua ragoaragoa ego malumalu;

6. Go sera natamole ego libi namutiena gi Atua.

7. Man natamole ruka to tafbau ega babtaisira go eka tikitas, ko haworawora ni mata se eka tikiseimuis kuga sefa nimaieton e bo meilua banamai?

8. Tewanaga ko bati nuana wia nasubofaoen, go ko tiba baasa kuga tuli emalebutomu mou, Abraam e bi temagami: wau e tikimui, Atua e batiatai fatu mouanetu ega bi nani Abram.

9. Go tagota e bo en nakoa u kasu mouanaga tewanaga sera nakasu e tiba bati uana wiu mou, ru talusi bo soko kinia baki nakabu faga.

10. Go tealaba ruka fousuusias bo tuli, Insefanaga ugo batia?

11. Go eka fisaterara bo tuli, nata e lagki suagoro rua, ega tu nata te e tiba lagki tetea mou; go nata e lagki teafamiena ega bati e takusia.

12. Go natamole bilatouwaki, taba ruka fanamai ega babtaisira, bo bisa bakinia, natamole fanou, insefa ugo batia?

13. Go eka tuli bakita, Toan e magumu tonakinia ko tiba bati sukulisa mou.

14. Go natamole nafakal ruka fousuusiasa bo tuli, go kinami ugo bati insefa? Go eka tuli bakita, ko tiba batisasanaki te nata mou, ko tiba bisuru tubwa te nata mou; go nakbomu ega wia namurien agumu.

15. Go nerei ru bo tu leogoro, go tealaba ru bo tu mitroasera Ioane nai ebla bi Kristo;

16. Ioane eka fisatera bakoutiera bo tuli, kinu naga a babtaisimu ki noai; me nata e bakilagkiou e bo banamai, a tiba kwia mou aga rati intali ni seu aginai: nai ego babtaisimu ki Nimaruna Tab me nakabu faga:

17. Aginai nifi e buutia naruna, go ego nifibakasaki nababa aginai go ego bilatouwaki wia

aginai baki aginai nasuma nafinaga; me nabwelagana ego tubwarakinia nakabu ru bunna sarafia.

18. Go tealaba e mo bisasuki nerei is bo tikita narogorogoanauia.

19. Go eka fanou Erote, Nawot, tea ni Erotia nagaruni gi Filibo bwaluna, go te ini seratrogo sa mouanaga Erote eka to batia.

20. Go eka mo taumi tealaba toanaga, eka fatibonoti Ioane nasum inselseliena.

21. Go eka fakilini, nai eka to babtaisi nerei bo mo babtaisi Iesu, nai e bo tafisafisa, naburon teka bamaota.

22. Go Nimarun Tab eka sua banamai bakinia ruka libisia eka takusi kafine, go leo iskoi eka fa naburon bo tuli, Nago ku bi nanigu trumiena; nakbogu ekwia kigo.

23. Go nai wanaga Iesu, mesa intouna e bo baasa bi relima tolu, nai (ruka mitroakinia) *nani* Iosef, nai *nani* Eli.

24. Nai *nani* Matat, nai *nani* Lefii, nai *nani* Melki, nai *nani* Iana, nai *nani* Iosef.

25. Nai *nani* Matatio, nai *nani* Amos, nai *nani* Naum, nai *nani* Esli, nai *nani* Nagai.

26. Nai *nani* Maat, nai *nani* Matatio, nai *nani* Semei, nai *nani* Iosef, nai *nani* Iuta.

27. Nai *nani* Ioana, nai *nani* Resa, nai *nani* Sorobabel, nai *nani* Salatiel, nai *nani* Nera.

28. Nai *nani* Melki, nai *nani* Ati, nai *nani* Kosam, nai *nani* Elmotam, nai *nani* Er.

29. Nai *nani* Iose, nai *nani* Elieser, nai *nani* Iorim, nai *nani* Matal, nai *nani* Lefi.

30. Nai *nani* Simeon, nai *nani* Iuta, nai *nani* Iosef, nai *nani* Ionam, nai *nani* Eliakim.
31. Nai *nani* Melea, nai *nani* Inan, nai *nani* Matat, nai *nani* Matau, nai *nani* Nata.
32. Nai *nani* Iese, nai *nani* Obet, nai *nani* Boos, nai *nani* Salmon, nai *nani* Naason.
33. Nai *nani* Aminatab, nai *nani* Aram, nai *nani* Esrom, nai *nani* Fares, nai *nani* Iuta.
34. Nai *nani* Iakob, nai *nani* Isaak, nai *nani* Abraam, nai *nani* Tara, nai *nani* Nakor.
35. Nai *nani* Saruk, nai *nani* Ragan, nai *nani* Falek, nai *nani* Eber, nai *nani* Sala.
36. Nai *nani* Kainan, nai *nani* Arfaksat, nai *nani* Sem, nai *nani* Noe, nai *nani* Lamek.
37. Nai *nani* Matusala, nai *nani* Enok, nai *nani* Iaret, nai *nani* Maleleel, nai *nani* Kainan.
38. Nai *nani* Enos, nai *nani* Set, nai *nani* Atam, nai *nani* Atua.

IV.

1. Go Iesu eka bura ki Nimaruna Tab bo ba Iortan liliu, go Nimarun eka belakia baki lia milati.
2. Tiabolo e bo tu sursurea paliati relim e bate. Go eka tiba bami te nimatuna mou paliati monana: e nu go e bo bitelo.
3. Go Tiabolo eka tikinias, wan ba fi nani Atua ba tiki fatu netu is ega bi tea famiena.
4. Go Iesu eka fisateraia bo tuli, E mitiria e toko, natamole tego tiba mole tea famiena iakeimou mou, me seranafisana gi Atua.

5. Go Tiabolo eka belakia baki intafa barou loaloa bo bukaskei biseikinia serinlouna ni emeromina.

6. Go Tiabolo eka tikinias, ago tuoko nafinaotana wanetu ega mou, go namatuan agata: tebi teaginou, go te nata a manai marakaraka ago tuais.

7. Tewanaga nago bai lotu kinou, go tea mouanaga ego bi teaginago.

8. Go Iesu eka fisateraia bo tuli, Ba faki intakigu Satan: eka mitiria te toko, Bo lotu ki Iofa Atua aginago, go bo sileiaa skeimou.

9. Go eka belakia baki Ierusalem, bo bati eto te namasua gi nasuma tab, bo tikinias, wan ba fi nani Atua ba soka sua naga.

10. Te mitiria e toko, Ego sua ki agelo aginai kigo ruga loberakatiko.

11. Go rugo selatiko narura kubla tokonaki namelima fatu.

12. Go Iesu eka fisaterara bo tuli, Eka tuli e toko, Bo tiba batitrogi Iofa Atua aginago mou.

13. Go Tiabolo eka fatisu sera nasursuruean bo mwilu tua kinia raki te mal.

14. Go Iesu eka liliu nakasuana gi Nimaruna baki Kalilaia: go narogorogoan anagana eka fa usireki nifanua taliferi.

15. Go nai eka to tafanou nasum nalotuen aginara, tealaba ru bo tu seralomatuasa.

16. Go eka fanamai baki Nasaret, luai ruka bakalias: go e takus subwiu eka sili nasum nalotuen naliati namarmaroen bo tulena ega fotus.

17. Go ruka tuai tus ni Esaia, brofeta. Go eka balagati tus bo bagmouri alia eka mitirias.

18. Nimaru Iofa e matoon, naleo wane eka fureikinou aga tiki reko narogorogoanauia; eka tubwakiluou aga nafirisien baki namanamana, go nameroleoena baki mitakis, aga tubwakilu toane ru bi namanuk ruga fan.

19. Aga trogorogki intau wia gi Nawot.

20. Go eka fisfisi tus, go eka tu tasilas, bo toatan. Go nimita tealaba nasum nalotuen ruka losukisukia.

21. Go eka faasa bisa bakita, Wanetu eka mitiria e toko, mais oanaga nalion e bo sokos intaligamu.

22. Go ruka nou buteluai bo maga nafisan insouwian e bo ba nagolina banamai. Go ruka tuli, Wanetu e tiba bi nani Iosef mou kite?

23. Go eka fisa bakita, bo tuli, Lesoko kug° tikinou luakia wanaga, munuai ba tumama buabakamouriko: tea mouai uka rogia eka fakilini Kaberneom, ba mo batia luanaga nafanua aginago.

24. Go eka tuli, Lesoko a tikimu is, Ru tiba mesou te brofeta nafanua aginia mou.

25. Go a tikimu is e bi Lesoko, malib laba ruka to Israel mal ni Elaia, maloan naburou eka kwona toko intou tolu go atulagi latesa, se nafiteloa kwila eka to usireki nifanua.

26. Go eka tiba suaki Elaia ega ba libi, tetesra mou me ega baki Sarebta natokon ini Saiten, ba libi nagaruni iskeimou, sasi e bi malib.

27. Go leber laba ruka to Israel mal ni Elisa,

brofeta; go eka tiba bilosi titiara mou, me Neeman iskeimou kano ini Siria.

28. Go tealaba nasum nalotuen rukai rogi tea mouanaga bo bura ki nimaieton.

29. Go ruka tulena bo kebaluai baki etaku ini natokon, go ruka belakia ban bamou nabatira natafa, natokon aginara eka toos, ruga selatia sokokinia.

30. Go nai eka fabutaira uru malebuto kira ban.

31. Bo sua baki Kabernaom natokon ini Kalilaia, go eka to tafanoura naliati namarmaroen laba.

32. Go ruka seramakoto natafanouen aginai: nafisan aginai toron teka gasua.

33. Go natamole iskei nasum nalotuen eka lagki nimaru te tiabolo mwota, go eka fioso nalion ekwila.

34. Bo tuli, Ba turubiai gami; insefa e bi teanigita, Iesu ini Nasaret? Ku banamai kuga batibunuagami kite? a ataiko nago se: Teatabu iskei gi Atua.

35. Go Iesu eka fanous, bo tuli, Ba fununta, go ba tafeisa ban. Go tiabolo wai eka trosili kinia baki malebuto bo tafeisa ban, ekai tiba bati e bi namanuk mou.

36. Go ruka serabiri bakouti bo tumara bisa bakita bo tuli, Insefa nafisan wanaga, nafinaotan go naskeimielan te sua ki nimaru mwotasa, go ru tafe ban?

37. Go narogorogoan anagana eka fa usireki seralia gi nafanua taliferi.

38. Go eka tuleua mwilu ... nalotueu, bo bá aili, nasuma gi Saimon ... ... eka su namsaki kwila, go ruka ... ...

39. Go eka tu losua ... ... awaki; go eka marua kinia: ... ... bo sukarou kita.

40. Go elu te to ... ... ruka lagki toane ru mane... ... ...serasera, ruka belakira bakinia; ... ... toñ sikiskeikira naruna, bo buabakam ourir...

41. Go tiabolo ruka mero tafe tealaba ban bo floso go tuli. Nago ku bi Kristo, nani Atua. Go eka fanoura bo tiba turubisira ruga bisa mou: ruka ataia te bi Kristo.

42. Go aliati te bakilini, eka taf ban baki lis milati: go tealaba ruka bilagas, bo bamasokos, bo mutia ega tiba mwilu tua kira mou.

43. Go eka fisa bakita, E lena taga trogorogki narogorogoanauia gi nameramaraña gi Atua natokona rafalu: e tubakiluou a ba raki toanaga banamei.

44. Go eka to fanou nasum nalotuena laba iai Kalilaba.

V.

1. Go eka fakilini natamole labakasu te ruka sogosogonia ruga rogi nafisana gi Atua go nai eka to loutu lukmatua in Kenesaret,

2. Go eka libi rarus rua ruka an lukmatua: go natamole fatá neika ruka mitisu rarus ruasa, bo tu bilosi kekoti.

3. Go eka bagi rarua iskei, tea gi Saimon, bo firania ega seikinia ega risu giki baki lou. Go eka toatan rarua bo tafanou tealaba.

4. Go ekai tulia ban eka nu, bo tiki Saimon is, Seikinia baki namorua, go ko toraki kokoti agumu kuga bubusaki *tetea.*

5. Go Saimon eka fisateraia bo tuli, Mariki, uka to wisiwisigasua bog ba e aliati bo tiba bu te namatuna mou : me nafisan aginago ago toroaki kokoti is.

6. Go ruka fati toane bo gofusa nafeta neika e bikwila : go kokoti aginara eka to maora.

7. Go ruka alofi walu ru tu rarua kerua, te ruga banamai bakamarmarora. Go ruka fanamai, go ruka fakafura rarua rua, selakikisa te raga moru.

8. Go Saimon Betiro eka libisia bo roa bakitan nabatua ni Iesu, bo tuli, Nawot, ba mwilu tua kinou ta bi natamole sigsigleo.

9. Nai go tealaba ru mou toko te ruka serabiri nafeta neika ruka bubusakia :

10. Go Iakobo me Ioane nani Sebetaio nara mera Saimon ruka tumara bwalubwalu kita to, raka mo tebeloanaga tu. Go Iesu eka tuli baki Saimon, Ba tiba mitaku mou ; ba maloanaga kugo bati natamole.

11. Go ruka urusagi rarua baki eut, ruka turubisi bakouti seratrogo, bo rousia.

12. Go eka fakilini, nai teka to natokon iskei, go baleo kano e bura ki lebra : go eka libi Iesu, eka troa tabwolosua tu, bo firania, bo tuli, Ko

Nawot, kubi marakaraka ku batibisakiataiou aga malu.

13. Go eka sei ki naruna bo merittogia, bo tuli. A marakaraka : ba malu. Go lebra eka termou mwilu tua kinia.

14. Go nai eka tikisukisukia ega tiba tiki te natasa mou? me ba fano bo biseiki natamole toumafa ko, go ba fitu seratrogo namaluen aginago e takus nafisanagi Mose, ega bi natulseiena bakita.

15. Me narogorogoan anagana eka mo fa usireki bikwilasa: go nafeta natamole labakasu ruka seisei banamai ruga rogia, go ega buabakamourira ki namaneineien aginara.

16. Go nai eka to mwilu baki lia milati bo to tafisafisa.

17. Go eka fakilini naliati iskei, nai eka mo to tafanou, go Farisai go natamole gi nafanouen te ruka mwilu sera natokon ini Kalilai go ini Iutaia go Ierusalem banamai, ruka toatau: go naskeimielana gi Nawot eka toko ega fakamourira.

18. Go baleo natamole te su baralise, namerafalu, ru bo tu selatia nimaola: go ruka bilaga selatia baki imrou bo batia ega to niraiena.

19. Go ruka tiba bagmouri takanoai ruga selatia babotai nafeta natamole baki imrou mou, ruka fagki nabou nasum, bo toroakinia mera nimaola e uru nesu baki malebuto nirai Iesu.

20. Go eka libi naseralesokoen aginara, bo tikinias, Natamole, a manago batilu nasigugleoen aginago.

21. Go natamole mitiri go Farisai ruka faesi mitroasera, bo tuli. Se netu o bissasanaki Atua? Se e batiluatai nasigsigleoen, me Atua iskeimou?

22. Me Iesu eka atai namitroaseran aginara; eka fisaterara bo tuli, Insefa ku mitroaserasa nakbomu?

23. Towase e mallua, aga tuli. A manago batilu nasigsigleoen aginago; kite aga tuli. Ba tulena bo suwara.

24. Me te kuga atai nani nataonole te lagki nafinaotan emeromina ega batilu nasigsigleoen (eka tiki natamole sasan baralisi is) A tikigos, Ba tulena, go ba selarakei nimaolaima, bo suwara baki sum aginago.

25. Go eka marafirafi tulena niraiera, eka selarakei toane eka entanos, bo mwilu baki sum aginai ban, bo tu seralomatua Atua.

26. Go ruka serabiri, go ruka seralomatua Atua, go ruka fura ki namtakuen bo tuli, uku libi tea seramakotoen mais osaga.

27. Tea mouanaga te be nu, eka mo tafbari go eka libi natamole bilatouwaki taba e bo toatan nasuma taba, nagie natamole, Lefi: go eka tikinias, Ba rousiou.

28. Go eka turubisi bakouti seratrogo, eka tulenabo rousia.

29. Go Lefi eka manai bati inloulou matua nasum aginai: go naieta natamole bilatouaki taba go natamole rafafu ruka mou toutan me nara raga fami.

30. Go natamole mitiri aginara go nafariati ruka tauruuru baki natamole toatai aginai, bo

tuli, E gua naga kumu mo natamolo bi donaki taba go natamole sigsigleo ku m.. (.i g. .un?

31. Go Iesu eka fisaterara, ... ru roginouian ru tiba bi tea m.nn.. .. . .ti seratrogo mou; me nara ru ..gi ..

32. A tiba fanamai aga .. .. .. me natamole sigsigleo r..g. ... ...

33. Go ruka fisa baki... .. ..., E gua naga natamole toatai gi Ioane .. ..li .itubituba, go ru to bati nafiran, go takoo ....ou nafarisai; me aginago ru bami go mun /

34. Go eka fisa bakita, *bo tuli*, ku batiatai inta in kano e bo fitouri ruga bali, maloan kano e bo fitouri e neira to kite?

35. Me naliati rugo banamai, go rugo selalu kano e bo fitouri kietas, male rugo bali naliati mouan.

36. Go eka mo tuli luakia bakita; Te nata te tiba munuti kulikul tuai malmal kulikul fao mou; wan e batia, male tea fao e borais. go malmal tea fao e mo tiba batoiskei tea tuai mou.

37. Go te nata e tiba uto wain fao terea sus ini leter tuai mou; wan e batia, wain fao e tibua sus, go e mailigai bam, go sus ru mafunufabu.

38. Me ruga uto wain fao terea sus fao; go rugo rua kwia to.

39. Go te nata e bo tu mun tea tuai e tiba termou meson tea fao mou: waai e tuli, Tea tuai e kwia tolia.

VI.

1. Go eka fakilini naliati namarmaroen teuterobroto, nai teka suwara uru atalimate nafiso; go natamole toatai aginai ruka tro nafinaga nafiso, go ruka loloasia namelerura bo bamia.

2. Go tete Farisai ruka tikitas, E gua ku bati toane e tiba bi tea mole kuga batia naliati namarmaroena mou?

3. Go Iesu eka fisaterara bo tuli, ku wo tiba fesu toane Tafit eka fatia mou, maloan eka bitelo go nara ru bo tu nea kite?

4. Teka sili nasuma gi Atua, go nakoou nafiseikiena eka wusia bo famia bo mo tu toane ruka neas: e tiba bi tea mole te nata ega famia mou, me natamole toumafa ru skitra?

5. Go eka takitas, Nani natamole te mo bi nawota gi naliati namarmaraen.

6. Go eka mo bakilini naliati namarmaroena bota, nai teka sili nasum nalotuena go tafanou: go natamole eka toos, go naruna ni matua eka mate.

7. Go natamole mitiri go nafarisai ruka mitiberakatia, e bi la buabakamouria naliati namarmaroen; ru naga ruga bagmouri seratroga ruga tubwais.

8. Go nai eka atai namitroen aginara, go eka tuli baki natamole wai naruna e mate, Ba tulena go ba loutu malebuto. Go eka tulena bo loutu.

9. Male Iesu eka fisa bakita, Ago foususimu namatun iakei: E mole nata ega bati tea wia

naliati namarmaroen kite tea sa ? ega fakamouri kite ega batibunu?

10. Go eka libi bakoutiera talif'ri, bo tiki natamole is, Ba sei ki naruma. Go eka fatia tebela: go naruna eka mero kwia e takusi kerua.

11. Go nara ruka fura ki nafibaroroena bo tumara tabisa bakita takanoai ruga bati Iesu isa be.

12. Go eka fakilini maloan teka taf baki intafa iskei ega tafisafisa, go eka tafisafisa ki Atua bog ba e aliati.

13. Go ekai aliati eka so natamole toatai aginai banamai: go eka mitilu relim iskei temati ruara, bo bitugiera ki abositelo;

14. Saimon eka mo bitugiena ki Betero, go Antrea bwaluna, Iakobo go Ioane, Filib go Bartolomaio,

15. Mataio go Toma, Iakobo *nani* Alfaio go Saimon ru se ki Selote.

16. Iuta bwalu Iakobo, go Iuta Iskariote, nai eka mo bi Kano bilaktoutou.

17. Go nara me nai ruka mou sua ban, bo tu intanomarobe, go nafeta natamole toatai aginai, go nafeta nerei e bikwila ruka fa bakouti Iutaia go Ierasulem go elou in Tairo go Saitone banamai ruga rogio, go ega buabakamourira ki nsasanan aginara;

18. Go nara nimaruna mwota rafalu ru bo tu bataasauakita; go eka buabakamourira.

19. Go tealaba ruka bilaga meritrogis: naskemiulan teka mwiluiss ban bo bakamouri bakoutira.

20. Go nai eka makalosaki baki natamole toatai aginai, bo tuli, Kumu reko ku bo maro: wani nameramerana gi Atua e bi agumu.

21. Kumu ku bo bitelo maloanaga, ku bo maro: wani kugo buka. Kumu ku bo tu tagi maloanaga ku bo maro: wani kugo mur.

22. Kumu kubo maro, wan natamol rugo malo kimu, go wan rugo takbotaimu *kuga bi teabota bakita*, go rugo suerimu, go rugo netaki nagiemu baki etak e takus seratrogo semusemunu, e tubwa nalio nani natamole.

23. Ko maro naliati wan go ko soka nalailaiena; wani, baleo, nasokarien agana bakimu e bikwila naturon: wani e takus tea mouanaga tematua aginara ruka fati nabrofeta.

24. Me ako kumu sogaleba Kugo Sa! wani ku lagki na marmaroen agumu.

25. Ako kumu natamole buka Kugo Sa! wani kugo bitelo. Ago kumu ku bo tu mur maloanaga Kugo Sa! wani kugo bitunu bo tagi.

26. Ako kumu Kugo Sa, wan sera natamole rugo bisakwia kimu! wani e tebeloanaga tematua aginara ruka fati nabrofeta bisuru.

27. Me a tikimu is ku bo tu rogia, ko trumi waluatumu, ko batikwia ki toane ru malokimu.

28. Ko bisakwia ki toane ru bissa kimu, go nara ru bo tu suerimu, ko manara tafisafisa.

29. Nata wan e bo tu robagiko nababuma iakei, ba tuai kernu; go nata wan e bo tu sela kote aginago ban ba tiba tubwagoria suagoro ega nea mou.

30 Seranatamol e bo tagofiko, ba tuai ; go te nata e bu teaginago ban ba til mo tage fiasa mou.

31. Go takanoai ku marakeraka .... magumu bati seratrogo, kumu .... bati seratrogo ega takusia.

32. Go wan ku trumi .... ku lagki insouwiana kua? wani natamole sigsigleo ru mera trumi toane ru bo ....

33. Go wan ku batikwia ki toane ru bo tu batikwia kimu, ku lagki insouwian kua? wani natamole sigsigleo ru bati tea skeimou.

34. Go wan ku kwusigorira seratrogo bo mo leorakinia kugo mo kwisluai kieta, ku lagki insouwiana kua? Wani natamole sigsigleo ru mera kwusigori natamole sigsigleo seratrogo, ruga kwislu seratrogo toiskeimou kieta.

35. Me ko trumi waluatumu, go ko meriwia, go ko kwusigoro bo tiba mo leoraki te namatuna mou; go nasokarien agana bakimu ego bikwila, go kugo bi nani nata-skina-bakilag: nai te wia baki toane ru tiba mitroakwia *kinia* mou, go ru semusemunu.

36. Tewanaga ko su botrumi ega takus botrumi gi temamu.

37. Go ko tiba bisabota mou, go kugo tiba bi tea bisabotaiena mou: Ko tiba tubwagotefi mou go kugo tibi bi tea tubwagotefien mou: ko ratilu go kugo bi tea ratiluaua.

38. Ko fitu seratrogo go rugo tnamu seratrogo; tea tougi wia ru tofia bakitan, go ru nuanua kinia, go e maligsi bakitan, rugo bituas baki narumamu.

Wani tea tougi iskeimou ku tougiis, rago mero tougiis bakimu.

39. Go eka tikita luakia, Mitakis e fiseikiatai mitakis nabua kite? rago tiba rua troa baki te moru mou kite?

40. Natamol toatai e toli natamol tafanou aginai mou: me seranata e mo kwia berakati ego batoiskei me natamol tafanou aginai.

41. Go E gua naga ku libi namwota te to nimita bwaluma, me ku tiba atai nakas te to aginago nimitama mou?

42. Kite E gua naga ku tuliatai baki bwaluma, Bwolugu, ba turubisiou aga batilu namwota ki nimitama, naga ku bo tu tiba libi nakas te to aginago nimitama mou? Ubokrit, nago ba fe batilu nakas ki aginago nimitama, go male kugo lobua kuga batilu namwota ki nimita bwaluma.

43. Wani nakas wia e tiba bati nuan sa mou: go nakas sa e tiba bati nuana wia mou.

44. Wani ru atai seranakasu nuan berakatina, wani ru tiba bailu nuanfik ki nafurafura ragoragoa mou, go ru tiba bailu nuanfain ki batigata mou.

45. Natamol wia e selalu te wia ki nasoga wia nakboua; go natamol sa e selalu tea sa ki nasoga sa nakboua: seratrogo nakboua e buras nagolina te bisas.

46. Go e gua naga ku soou Nawot, Nawot, go ku tiba bati toane a tulia mou?

47. Seranata e banamai libisiou, go e rogi nafisan aginou, go e batia, ago biseikimu nata waa e takusia:

48. E takus natamol e ta nasum, nai e gilia bakitan, go e bati inlaken e to fattok: nohu e bakilini, go natafii e netigasua ki nasuma wan, go e tiba nuanua kiataia mou: inlakena to to fattok.

49. Me nata e rogia go e tiba batia mou, e takus natamol e ta nasuma e to intano, inlaken e tika; natafi e netigasua kinia, go e suki marafirafi; go nasuma wane e sa bikwilena berakati.

VII.

1. Go eka tiki nerei nafisan aginai ba e nu bo sili baki Kaberneom.

2. Go natamole gi te nawota nafakal, eka rogi nisan tega mate, nai eka wia kinia.

3. Go eka rogi narogorogoana ki Iesu bo tubakilu nimariki gi nakan Iutaia ba libisia, bo tu firanias, ega banamai buabakamouri natamole aginai.

4. Go ruka fanamai libi Iesu bo firan'a bikwila, bo tuli. Nai te kwia kuga manai buti toanaga.

5. Wani e trumi naloun anigita go eka manigita ta nasum nalotuena.

6. Go Iesu eka fitana kira baa. Go te bo tiba to mwai ki nasuma mou, nawota rafakal eka sua ki tete intana banamai libisia bo tikinias, Nawot, ba tiba tumama merigasua kigo mou; wani a tiba kwia kuga sili nasum aginou mou.

7. Tewanaga eka mera tiba tumagu mitroa kinou mou ta kwia taga finote libisiko mou: me

ba tulia nafisan iskei go karikik aginou ego roginouian.

8. Wani kinu a mera bi nawota kiki, bo lagki natamole nafakal; go a tiki toanetu is, Ba finote; go e binote; go *a tiki* teakeruas, Ba fanamai; go e banamai; go *a tiki* natamole aginouis, Ba fati toanaga; go e batia.

9. Go Iesu eka rogi tea mouanaga, bo magas, go eka meraroa bo bisa baki teamouane ruka to rousia, A tikimu is, aka tiba bagmouri naseralesokoen e bikwila tebeloanetu Israel mou.

10. Go nafakou ruka liliu baki suma, bo bagmouri natamole sasan e bo tu roginouian.

11. Go eka fakilini bilimitimei kinia, eka faki natokon iskei nagiena Nen; nai go natamole toatai aginai ru laba ruka mou; go natamole labakasu.

12. Go ekai faki malitiga ki nimeta natokon; go bateo, ruka to sela natamole mate ban, totou iskeimou gi bwilena; go nai e bi malib; go nakan natokona ru laba ruka fitana kinia.

13. Go Nawot eka libisia bo rogaisaas, go eka tikinias, Ba tiba tagi mou.

14. Go eka faki malitiga bo meritrogi nababa selatiena; go nara ru bo tu selatia ruka mara tu. Go eka tuli, naturiei, a tikigos, Ba tulena.

15. Go natamole mate eka tulena, go eka faasa bisa. Go eka tu bwilenas.

16. Go namtakuen eka toko bakoutira; go ruka seralomatua Atua, bo tuli, Brofeta matua te fakilini kiigita; go, Atua te banamai libi nerei aginai.

LUKA VII. 31

17. Go narogorogoan agana wanetu eka fa usireki bakouti Iutaia, go usireki bakouti nafanua taliferi tu.

18. Go natamole toatai gi Ioane ruka tikiseia tea mouanaga.

19. Go Ioane eka so aginai natamole toatai e rua bo sua kita ba libi Iesu, bo tuli, Nago mesa nai e bo banamai? Kite tuga leogoro teakerua?

20. Go namera rua raka bakilini kinia, bo tuli, Ioane Babitais eka tubakiluagami banamai libisiko, bo tuli, Nago mesa nai e bo banamai? kite tuga leogoro teakerua?

21. Mal iskeimou wan eka buabakamouri tealaba ki insasanan; go nafituntunuen; go nimarun sa rafalu; go eka tu namitakis laba ruga leo.

22. Go Iesu eka fisaterara bo tuli, ko rogai ban bo tiki Ieane tea mouanaga ku to libisia, go ku to rogia; namitakis te ru leo, goli te ru suwara, leber te ru malu, natamole waro te ru rogo, teamate te ru tulena, reko te ru rogi narogorogoanaui.

23. Go nai e maro te tiba tokonakiou mou.

24. Nafakou ni Ioane raka mwilu ban, go eka fiasa tiki tealaba nafisana Ioana, Insefa kuka taf baki lia milati kuga libisia? noua ....
inlagi kita?

26. Me Insefa kuka taf kuga libisia? Brofeta? Ia a tikimu is go e toli brofeta.

27. Wanetu e bi *nai* ruka mitiri *toanaga* asa, Baleo, kinu a tubakilu nafakou aginou e bea ki niraiema nai ego meresukisuki nabua aginago kobea kigo.

28. Wani a tikimu is, Te brofeta iskei, nagaruni ru selatia, e tiba matua toli Ioane Babitais mou; me nai te giki nameramerana gi Atua, e matua tolia.

29. Go nerei laba go natamole bilatounki taba ruka rogia bo seralolena Atua, ruka be wissuki nababitaisiena gi Ioane.

30. Me nafarisai go natamole gi nafanouena ruka seralobwalo nafisabotaiena gi Atua bakita, ruka tiba be wissuki nababitaisiena aginai mou.

31. Go Nawot eka tuli, Insefanaga ago tuli intago—natamole wanaga ru takusia? Go ru takus insefa?

32. Ru takus nikarikik te ru toatan lia nabagkotoen bo tumara sosora bo tuli, uka si lakori bakimu go kuka tiba sali mou; uka tagi bakimu go kuka tiba gei mou.

33. Wani Ioane Babitais eka fanamai bo tu tiba fami nakoon kite mun wain mou; go ku tuli, E lagki te tiabolo.

34. Nani natamole e banamai bo tu hami go mun; go ku tuli, Baleo, natamol e famleba ,go e mun wain, inta gi natamole bilatonaki taba go natamol sigsigleo!

35. Me namitamatuana nanina laba ru seralolenas.

36. Go Farisai eka fitous raga rua fami; go eka sili nasuma gi Farisai bo toatan ega fami.

37. Go Baleo, nagaruni iskei ini natokona, nai eka be to sigsigleo, cka ataia te toko nasuma gi Farisai ega fami, bo sela ilibagoen alabastero ini teanabowia banamai.

38. Go eka tu malitiga ki natuona intakuna, bo tu tagi, go eka fassa tere natuona naririmitena, go eka tubwagasia nalulu nibouna, go eka sumi natuona, go eka lofia tea nabowia.

39. Me Farisai nai eka fitou Iesu eka lit isia bo talakalaka tumana tikinias, bo tuli, natamole wanaga ebi bi brofeta ebi ataisu nagaruni netu e meritrogia, go nafolofolon aginai: te bi nagaruni sigsigleo.

40. Go Iesu eka fisateraia bo tuli, Saimon a rogo tikigo seratrogo. Go eka tuli, Natamol fanou, ba tulia.

41. Nawot iskei, natamoli e rua rako tiba sokari teaginai mou: kerua e wo tiba sokari mune e bunti lima mou: go kerua e wo tiba sokari relima lima mou.

42. Go ra bo tika ki tea nasokariena, eka bakaeksi tuamole kitas. Natamole e rua naga, ba tuli, towase ego trumia bikwilena?

43. Saimon eka fisateraia bo tuli,

mou : me nai eka tere natuogu naririmitena, go eka tubwagasia nalulu nibouna.

45. Kuku tiba sumiou mou : me nagaruni netu, ba maloan aka sili banamai, e to sumi natuogu.

46. Kuka tiba lofi nibougu narora mou; me nagaruni netu eka lofi natuogu tea nabowia.

47. Tewanaga a tikigos, aginai nasigsigleoen e laba e mwilu ban; teka trumi bikwila : me *nata wan* tea kiki e manai mwilu ban, e trumi e giki.

48. Go eka tikinias, aginago nasigsigleoen e mwilu ban.

49. Go nara ruka mou toko ruga fami ruka faasa tumara tikitas, Se netu e mera batilu nasigsigleoen ?

50. Go eka tuli baki nagaruni Naseralesokoen aginago eka fakamouriko; ba usi netomate ban.

VIII.

1. Go eka fakilini selaitaku, nai teka suwara usi sera natokona go sera natokona kiki, bo tu fanou, go trogorogki narogorogoanauia gi nameramerana gi Atua: relim iskei temati rua me nai ruka mou,

2. Go nagaruni rafalu eka buabakamourira ki nimarun sa erafalu go namaneineien, Mere ru se ki Maktalene tiabolo larua ruka mwiluisa ban,

3. Go Ioana nagaruni ni Kusa, tasila gi Erot, go Susana, go namerafalu laba, ruka to sileia ki nasogata.

4. Go natamole labakasu ruka mou seisei, go ruka, fa sera natokona banamai libisin, eka fisa luakia:

5. Natamole lilou eka fan egɛ lou aginai nabatina: go nai te to louia, tet el a troa baki nabua; go ruka fasukia bakitan, go manu in naburou ruka famibakoutia.

6. Go teabota eka troa baki fattok; go eka bisou bo maritou, e tiba mu mou e bi inlakena.

7. Go teabota eka troa baki nafurafura ragoragoa; go tea ragoragoa ruka mou bisou bo buragoria.

8. Go teabota eka troa baki intano win, go eka bisou bo tou nuan e bi bunuti. Go eka tuli teamouanaga bo fioso, Nata e lagki intaligena ega rogo, ega rogo.

9. Go natamol toatai aginai ruka fousunsiasa bo tuli, Suaki wanaga e tubalise?

10. Go eka tuli, E tuamu kuga atai seratrogo bwelu in nameramerana gi Atua: me *e tu* namerafalu is luaki ruga libisi bo tiba libisi mou, go ruga rogo bo tiba atai mou.

11. Ia luaki wanaga to: Nabatin e bi nafisana gi Atua.

12. Go nara nabua ru bi toane ru bo tu rogo; male tiabolo e banamai, go e selalu nafisan ki nakbora ruga tiba seralesoko bo moli *isa* mou.

13. Me nara fattok ru bi toane ru rogo bo wissuki nafisan namaroen; go nakoata tika, ru seralesoko baki te mal, go ru takbarogoria mal nafatitrogoen.

14. Go toane eka troa baki nafurafura ragoragoa, nara netu ruka rogo bo suwara, go namitroabutuakien go nasogaleba, go nalailaiena gi nagmolien *wanaga* ru atugia, go ru tiba bati te nuan e matuakwia mou.

15. Go toane e to intano wia to, nara netu nakbor e bi lesoko go e wia, ruka rogi nafisan bo wissukia, go ru bo tou nuan e tokasu.

16. Te nata e tukosu nesulu e tiba bougoria ki las kite bati e to atanki nimaola mou ; me e bati e to nakas nesulu nara ru bo sili banamai te ruga libi namirama.

17. Wani seratrogo bwelu, nai ego tiba bakilini namirama mou, e tika; go seratrogo ruka tasuri ki suea, nai ego tiba bi teataiena bo banamai sili namirama mou e tika.

18. Tewanaga ko libisi takanakua ku rogo: wani nata e lagki seratrogo, rugo tuai ; go nata e tiba lagki seratrogo mou, toane e lagoro lagkinia rugo kwisluai kiena.

19. Go bwilena go nibwaluna ruka fakilini kiena, go ruka fanamai sarafi ruga libisia, nafeta natamol e bi inlakena.

20. Go ruka tikinias bo tuli, Bwilema go nibwaluma ru tu ekatema bo tu marakaraka libisiko.

21. Go eka fisaterara bo tuli, Bwiligu go nibwalugu ru bi nara ru bo tu rogi nafisana gi Atua, go rubo tu batia.

22. Go eka fakilini naliati iskei, nai teka bagi rarua go natamol toatai aginai : go eka tikitas, Tuga likougota baki natiginakerua gi lukmatua. Go ruka seiki rarua binote.

23. Go rarua e bo tu sefa, eka maturu: go inlagiat eka sua banamai baki lukmatua; go ruka to moru se!akikisa te ru naga ruga mate.

24. Go ruka fanamai bugonia bo tuli, ko Nawot, Nawot, tuga sa mate. Go eka tulena bo fanou inlagi go nabeon noai; go raka marua go eka tomati en.

25. Go eka tikitas, Naseralesokoen agumu e we? Go ruka mitaku bo maga, bo tumara tikitas, Mesa se naga! te mero fisuaki inlagi go noai, go ra rogiberakat nalion.

26. Go ruka faki eut natama gi nakan Katara, wanai e tu tafi Kalilai.

27. Go e bo miti binote baki eut, kano iskei eka fa natokon banamai suai, e lagki tete tiabolo tuai, go e tiba to su teasuneana mou, go e tiba to suma mou, me e to nimatigo.

28. Go eka libi Iesu, go eka troa bakitan niraiena, go eka fisa naliona kwila. Insefa anigita. Iesu, *nago* nani Atua e skina hakilag? A firaniko, ba tiba fatiou ki nafituntunuena mou.

29. Teka sua ki nimarun e mwota ega tafe natamol wan ban. Sela laba teka fatigasua kinia; go ruka selia nime ni fatu, go tea namelina, bo loberakatia; go eka fatigoteñ teasilsili, tiabolo e batia ban baki lia milati.

30. Go Iesu eka

fami intafa : go ruka firanias ega turubisira ruga ban silifira. Go eka turubisira.

33. Go tiabolo ruka tafe natamole wan ban bo silifi wago : go tula ruka uru sua nabatira baki lukmatua bo suabunu.

34. Go natamole tu wago ruka libi toane eka fakilini, bo sefa, go ruka fano bo tulia natokona go atalimate.

35. Go ruka tafban ruga libi toane eka fakilini; go ruka fanamai libi Iesu, go ruka fagmouri natamole wan, tiabolo ruka tafeisa ban, e bo tontan natuo Iesu, e su kulikul suneau, go e militroa : go ruka mitaku.

36. Go nara ruka be to libisia ruka tikita takanoai kanoa gi tiabolo eka roginouian.

37. Go tona in nakan Katara taliferi, ruka nou firanias ega mwilu tua kita ban; namtakuena kwila te to batira : go nai eka bagi raruabo liliu binote.

38. Go kanoa tiabolo ruka tafeisa ban, eka firamias ega nea to; me Iesu eka tubwatubwea, bo tuli.

39. Ba liliu baki sum aginago, go ba trogorogki tealaba Atua eka manago batia. Go eka finote ba usiriki bakouti natokon bo tu trogorogki tealaba Iesu eka manai batia.

40. Go eka fakilini Iesu te liliusu, tona natamole ruka bisatafia; wani ruka wou to leogorosa toko.

41. Go Baleo, kanoa nagiena Iairo, nawota gi nasum nalotuen iakei eka fanamai : go eka troa

bakitan natuo Iesu, bo firania ega banamai sili nasum aginai.

42. Aginai nanina nagaruni iskeimou, mesa intouoa relim iskei temati rua, adakikisa tega mate. Go nai te bo finote, tona natamol laba ruka sogosogonia.

43. Go nagaruni iskei eka su intrafarou, intou relim iskei temati rua, wanai eka sori bakouti teaginai tu munuai is, go te iskei e tiba batiataia ega roginouian mou.

44. Eka fanamai baki intakuna bo meritrogi tea suneau aginai natigina: go intrana barou eka marafirafi makot.

45. Go Iesu eka tuli, Se eka meritrogiou? Go wan tealaba ruka nou to goros, Betero eka tuli, go nara ruka mou toko, Nawot, toua natamol ru bo seiseigoriko go sogosogoniko, go ku tuli, Se eka meritrogiou?

46. Go Iesu eka tuli, Te nata eka meritrogiou: wani kinu aka libi naskeimielan eka tafeon ban.

47. Go nagaruni wan eka ataia te tiba bwelu mou eka tururu banamai, go eka troa bakitan niraiena bo tikinia toane eka meritrogiasa nirai in tealaba, go takanoai eka marafi roginouian.

48. Go eka tikinias, Nanigu nagaruni, ba rairai: naseralesokoen aginago eka fakamouriko; ba nai natomate ban.

Ba tiba mitaku mou: ba seralesko skeimou go ego moli nafakawouriena.

51. Go eka sili suma bo tiba turubisi te nata ega sili bano mou, me Betiro, go Iakobo, go Ioane, go Karikiki nagaruni anafa go bwilena, ru skitra.

52. Go ruka tagi bakouti, go ruka tagisia: go eka tuli, Ko tiba tagi mou; e tiba mate mou me e maturu.

53. Go ruka muru kinia, ruka ataia te mate.

54. Me nai eka gobalu bakoutiera baki ekatema go eka fu naruna bo bisa tuli, Karikiki, ba tulena.

55. Go Nimarun eka liliu, go eka tulena marafirafii: go eka sua kita ruga tuai ega fami.

56. Go tematua aginai raka serabiri: me eka tikisukira ruga tiba tiki te nata toane eka fakilini mou.

IX.

1. Go eka so natamol toatai relim iskei temati rua ruga seisei bo tuira nakasuana go nafinaotana ruga bati sertiabolo mouanaga, go ruga buabakamouri teasasan.

2. Go eka tubakiluira ruga ba trogorogki nameramerana gi Atua, go ruga buabakamouri teamaneinei.

3. Go eka tuli bakita, Ko tiba sela seratrogo nabua mou, tiko kite bolo, kite nakoon, kite nuane; go agumu suagaro ega tiba ruarua mou.

4. Go te nasuma kugai siliis, ko matoos go ko tafeisa ban.

5. Go tealaba wai rugo tiba wissukimu mou, Kugai tafe natokon wan bo farifarikilu nasoga ki natuomu, ega bi tea natulseien bakita.

6. Go rukai bano bo suwara ur natokon laba bo tu trogorogki narogorogoanauia bo tu buabakamouri serali.

7. Go Erot nawot eka rogi tea laba nai eka fatia: Go eka filiclia natisana gi tete, ruka tuli, Ioane te mwilu teamati tulena,

8. Me tete ruka tuli, Elana te bakilini; me tearafalu ruka tuli Brofita iskei gi nakan toube te mo tulena.

9. Go Erot eka tuli Kinu aka misibunu Ioane; me nai netu sei a rogia tea tibela mouanaga? Go eka filaga libisia.

10. Go nabositelo ruka liliu bo tikinia tea laba ruka fatia. Go eka iuutina bo bwelu baki lia milati gi natokon nagien Betsaita.

11. Go tealaba rukai atai, bo rousia: go eka wissukira bo tikita nameramerana gi Atua, go eka buabakamouri teasasan.

12. Me elu eka magali mato, go relim iskei temati iskei ruka fanamai tikinias, ba tubwatubwa nafeta natamol to rugai bano baki natokona laba, go atalimate laba taliferi, bo manaki bo bagmouri teafamiena: Managa ru matoos te bi lia milati.

13. Me eka tuli bakita, Kumu ko tw·ra ruga fami. Go ruka tuli, Kinami u tiba lagki te namatuna mou me nakoon lima go neika rua akeimou; ubi tiba bano bo bagkotefi teafamiena ega bi agi tealaba oane mou.

14. Wani nanoi mesa ru bi manu lima. Go

eka tuli baki natamol toatai aginai, Ko fatira ruga toatau ruga fita tou relima lima relima lima.

15. Go ruka fati e takanoai, go ruka fatira ruka toatau bakouti.

16. Go eka sela nakoon lima go neika rua wan, eka losaki baki naburou bo bisakwia kita, bo sukwai, bo tu natamol toatai ruga sukarouki nafeta natamol.

17. Go ruka fami go ruka fuka bakouti: go ruka bai namagafei relim ni bolo iskei temati rua.

18. Go eka fakilini nai teka to skina tafisafisa, natamol toatai ruka nea to: go eka foususieras bo tuli, Natamol laba ru tuliou a bi se?

19. Go ruka fisatiraia bo tuli, Ioane Babitais; go namerafalu, Elaia; go merafalu Brofeta iskei gi nakan toube te mo tulena.

20. Go eka tikitas, go Kumu ku tuliou a bi se? Betiro eka fisateraia bo tuli, Kristo gi Atua.

21. Go eka fisamatua bakita, bo tikisukisukira ruga tiba tiki te nata toanaga mou;

22. Bo tuli, Te bi tea ega bakilini, nani natamol ega rogitesa tea laba, go nimariki go nabou natamol toumafa go natamol mitiri ruga tubwa-tubwea, go ruga atugia, go ega tulena naliati kitolu.

23. Go eka tuli baki tealaba, Wan te nata e marakaraka rousia, ega tumana tubwagoria seratrogo, go ega sela teaturbunu aginai sernaliati, go ega rousiou.

24. Wani te nata e marakaraka muti nagmolien aginai, ego batibuele kinia: go te nata e batibuele ki nagmolien aginai naleogu, nai ego mutia.

25. Wani natamol ekwia insefa, te su bakouti emeromina wanaga, me e tumana batibuele kinias, kite ebi serabaas?

26. Wani te nata egai maliere kinou go nafisan aginou, nani natamol ego maliere kinia, maloan ego banamai namatuan aginai, go agi anafa, go agi agelo ru tab.

27. Go a tikimu is e bi lesoko, Te segata ru bo tu naga rugo tiba gatitrogi nimatien mou ba ba rugai be libi nameramerana gi Atua.

28. Go eka fakilini nafisan mouanaga e nusu mesa mog e latolu, eka belaki Betero go Ioaue go Iakobo bo saki baki te intafa ega tafisafisa.

29. Go eka fakilini nai te to tafisafise, niraiena eka bota go teasuneau aginai eka tare bo girigiri.

30. Go baleo, natamol e rua raka bisa bakinia nara ra bi Mose go Elaia:

31. Raka fakilini namatuan bo tuli namwiluen aginai tego mallua batibakoutia Ierusalem.

32. Go Betero go nara ruka mou toko ruka mitagataga nimaturuen: me rukai bilo to bo libi namatuan aginai, go natamol e rua wan raka tu nea.

33. Go eka fakilini nara te raka mwilu tua kinia, Betero eka bisa baki Iesu bo tuli, Nawoto ekwia tuga to naga; go tuga bati listoem tulu aginago iakai, go agi Mose iakai, go agi Elaia iakai

35. Go leo iskei eka tafe inlaiinlagi banamai bo tuli, Nai netu e bi nanigu trumiena: Ko takitrogos.

36. Go nafisan e bo nu ruka fagmouri Iesu e skina to. Go nara ruka furutan, go naliati mouan, ruka tiba tiki te nata seratrogo ini teamousi ruka libisia mou.

37. Go eka fakilini bilimitimei kinia ruka sua ba intafa go nafeta natamol e bikwila ruka suai.

38. Go baleo, kano eka fioso nafeta natamol bo tuli, natamol fanou, a firaniko, ba fanamai libi nanigu nanoi; tebi nanigu skeimou.

39. Go baleo, nimarun iskei e buntia go e marafi geitagota; go e bugasua kinia e tu lai nabosabosa, go e bati e bi marawako bo tagiegi mwi'a tua kinia.

40. Go aka firani natamol toatai aginago te ruga kabaluai; go ruka tiba batiataia mou.

41. Go Iesu eka fisateraia bo tuli, Ko intagonatamol tika naseralesokoen go botagui, noubwen ega fi ago nemu to, go suki amu? Ba felaki nanima baki luanaga.

42. Go te wo to banamai, tiabolo eka fusili kinia bakitau; go eka fugasua kinia. Go Iesu eka fanou nimaruna mwota, go eka buabakamouri Karikiki, go eka tu anafasa.

43. Go ruka nou seramakoto naskeimielan matua ni Atua. Go te ru nou to maga tea laba Iesu eka fatia, eka fisa baki natamol toatai aginai *bo tuli*,

44. Kumu ko bati nafisan mouanaga ega sili

intalegamu : wani rugo mallua belaktoutou nani natamol baki naru natamol laba.

45. Go ruka sakbona ki nafisan wanaga, go eka bwelu kira te ruga tiba libisia mou go ruka mitaku boususia nafisan wanaga.

46. Go ruka mitroasera towa, segata ega skina matua.

47. Go Iesu eka libi namitroaserana gi nakbora, eka fu karikik, ba bati e to malitiga kinia,

48. Go eka tikitas, Te nata e wissuki karikik netu naleo nagiegu e wissukiou : go te nata e wissukiou e wissuki nata wan eka tubakilnou, wani nata e skina giki mu mouanaga, nai ego matua.

49. Go Ioane eka fisateraia bo tuli, Nawot, uka libi nata e to kobalu tiabolo naleo nagiema; go uka tubagoria, te tiba fitana kigami rousiko mou.

50. Go Iesu eka tuli bakinia, Ko tiba tubagoria mou : nata te tiba bi teabota bakiigita mou, e be teanigita.

51. Go eka fakilini, mal nafakilagien aginai te bo banamai, nai eka fati niraiena eka lolo ega baki Ierusalem,

52. Go eka tubakilu tete nafakou ru bea ki niraiena ; go rukai bano Io sili natokon iskei gi nakan Sameria, te ruga manai merisukisuki.

53. Go ruka tiba wissukia mou, niraiena teka to e gite ega baki Ierusalem.

54. Go natamol toatai aginai Iakobo go Ioane ruka libisia bo tuli, Ko Nawot, ku marakaraka

uga tuli nakabu foga ega sua banamai ba naburou, bo batibunuira, takanoaua Elaia eka mera batia?

55 Go eka meraroa bo fanoura, bo tuli, Ku tiba atai nameriena gi nakbomu mou.

56. Wani nani natamol te tiba banamai ega batibumi natamol mou, me ega fakamouri. Go ruka fano baki natokona bota.

57. Go eka fakilini nara te ru to usi nabua, nata iskei eka fisa bakinia *bo tuli*, Nawot, ago rousiko brki serolia kugo bakiia.

58. Go Iesu eka tikinias, Fokis ru lagki falia go manu in naburou nukin ; me nani natamol e tiba lngki alia ega bwouas ana mou.

59. Go eka tuli baki teabota, Ba rousiou. Go eka tuli, Nawot, ba turubisiou agka be ba ofaki mama.

60. Go Iesu eka tikinias, Ba turubisi teamate ruga ofaki aginara teamate : me nago ba fano bo trogorogki nameramerana gi Atua.

61. Go teabota eka mera tuli, Nawot, ago rousiko ; me ba turubisiou agka be faki sum aginou bisatulakita.

62 Go Iesu eka tuli bakinia, Nata e bo tu bu ten sisi intano naruna go ebo tu lo baki intakuna, e tiba kwia ki nameramerana gi Atua mou.

X.

1. Tea mouanaga e nu go Nawot eka mero tu relima natamole e mo laruas, eka tubakiluira rua rua bea ki niraiena baki sera natokona go alia, nai e naga ego bakiis.

2. Se eka fisa bakita bo tuli, Nakilkilien e bikwila, me natamol wisiwis ru batik : tewanaga ko firani Nawota gi nakilkilenᴠ, tega kobalu natamole wisiwis raki nakilkilien aginai.

3. Ko finote : baleo, kinu a tubakiluamu e gite lama baki malebuto ki wulif.

4. Ko tiba sela inlinmune mou, kite bolo, kite seu; go ko tiba bisatati te nata nabua mou.

5. Go kugai sili te nasumi, ko be tuli, Netomate ega bi agi nasuma wanaga.

6. Go wan nani netomate e to luana netomate agumu ego mara toosa : me wan e tika, ego lilit bakimu.

7. Go ko mato nasuma wan bo tu fami go mun seratrogo ru tuamu is; wani natamol wisiwis e wia ega wusi namurien aginai. Ko tiba ba nasuma baki nasuma mou.

8. Go kugai sili baki te natakon, go rugai wissukimu, ko bami seratrogo ru sukarou ki mu is :

9. Go ko buabakamouri toane ru sasana toosa, go ko tikitas, Nameramerana gi Atua e baki militega ki mu.

10. Go kugai sili baki te natokon, go rugai tiba wissuki mu mou, ko tafe baki nabua matua agana bo tuli.

11. Ia, naasu namwota gi natokon agumu te bo tu bulutigami, u gasiluai binote bakimu : me toanaga ko ataia, nameramerana gi Atua te baki militiga ki mu.

12. A tikimu is, Sotom tego sa a giki naliati wan, me natokon wan ego sa bikwilena.

13. Ko Koratsin e sa bakigo! Ko Betsaita e sa bakigo! wani mau nawisien naskeimielan ru bakilinisu kiemu rubi fakilini Tair go Saiton, tuai rabi subafoa bo tu toatau kulikulsak go intanoon.

14. Ia Tair go Saiton rago sa e giki nafisabotaiena, me kumu kugo sa bikwilena.

15. Go nago Kaberneom ku bakilag bamou naburou to, kugo bakitan bamou keena.

16. Nata e bo tu rogimu, e rogiou; go nata e bo tu serateamolemu, e serateamoleou; go nata e bo tu serateamoleou, e serateamole nata eka tubakiluou.

17. Go relima larua wan ruka liliu banamai nalailaiena, bo tuli, Nawot, tiabolo ru merimitafusagami nagiema.

18. Go eka tikitas Aka libi Satan, eka troa ba naburou e gite nifili.

19. Baleo, a tuamu nakasuana kuga basi mata go mataloa gi Subwi; go kuga bati sera nakasuana gi walubota; go tea skeimou ego tiba batsasanaki mu mou.

20. Ia ko tiba maro toanaga mou, nimaruna te ru merimitafusamu; me ko maro toanaga te mitiri nagiemu naburon.

21. Mal iskeimou wan Iesu eka lailai nimaruna go eka tuli. A bisakwia kigo, Mama, Nawota gi naburou go emeromina, te ku tasuriki tea mouwanaga ki teabomatua go teamitamatua, go ku fiseiki totou is: ioro Mama, te kwia nimitama ega tibeloanagu.

22. Mama e tuou seratrogo laba; go te nata iskei e tiba atai nanina nai se mou, me Mama iskeimou; go Mama nai se, me nanina iskeimou, go nata wan nanina e marakaraka tiseikinias.

23. Go eka meraroa baki natamol tontai bo mallua tuli, nimita natamol ru bo tu libi tea mou wai ku libisia, ru maro:

24. Wani a tikimu is, brofeta go Nawota laba ruka marakaraka libi tea mou wai kumu ku libisia, go ruka tiba libisia mou; go rogi tea mou wai ku rogia, go ruka tiba rogia mou.

25. Go baleo te natamol gi nafanouen eka tulena bo tu lousuruea, bo tuli, natamol fanou, ago bati insefa bo biatulaki nagmolien in serali is?

26. Go eka tuli bakinia, Insefa eka mitiria nafanouen? Insefa ku fea?

27. Go eka fisateraia bo tuli, Bo trumi Iofa aginago Atua ki nakboma mou wanaga, go natama mou wanaga, go aginago nakasuana mou wanaga, go aginago namititroana mou wanaga; go kano in kiema e gite ku tumama trumiko.

28. Go eka tikinias, ku bisa lena: ba fati toanaga go kugo moli.

29. Go nai e bo tu marakaraka tumana seralolenas, eka fisa baki Iesu *bo tuli*. Go se e bi kano in kiegu?

30. Go Iesu eka fisateraia bo tuli,

31. Go natamol toumafa iskei eka sua mato usi nabua wan bano: go eka libisia, bo talelekinia bano.

32. Go takan iskeimau nani Lefi iskei eka fakilini ki alia, eka fanamai, go eka libisia, bo talelekinia bano.

33 Go te kano in Sameria te bo tu suwara, eka fakilini kinia, go eka libisia bo roguisaas.

34. Go eka fanamai bo lelei namanuk aginai e bo tu ligsi narora go wain is, go eka fati eka to os aginai, bo belakia baki faria namanakiena, go eka bakalia

35. Go bilimitimei kinia eka tafe, eka selalu mune ina bo tu kano in fareas, go eka tikinias. Ba bakalia, go seratrogo kugai soria egai taumia kinu ago liliu banamai bo sokaria bakigo.

36. Tewanaga segata natamol tolu netu, ku mitroa kinia, e magi nata wan, eka fakilini ki natamol binako, bi kano in kiena?

37. Go eka tuli, Nata eka trumia. Male Iesu eka tiki nias. Ba fano, go nago ba fati ega takusia.

38. Go eka bakilini nafanoen aginara, nai teka mero sili baki te natokon iskei: go naguruni iskei nagiena Marta eka wissukia baki sum aginai.

39. Go bwaluna ru se ki Mere, nai eka mera toatan natuo Iesu, bo rogi nafisan aginai.

40. Go Marta eka fabutuaki nasileiena kwila, go eka fanamai bo tuli, Nawot, ku tiba mitroa kinia, bwalugu te turubisiou aga akigu ailei mou kite? Si ba tikinias ega fanamai ouliou.

41. Go Iesu eka fisateraia bo tuli, Marta, Marta, ku mitroabutuaki, go ku bi nawa seratrogo laba:

42. Me tea skeimou e kwia: go Mere eka mitilu tea wia netu, te nata ego tiba tuutiluai kiena mou.

XI.

1. Go eka fakilini nai eka tafisafisa alia iskei ban eka nu go natamole toatai iskei aginai eka fisa bakinia bo tuli, Nawot, ba tatanougami uga tafisafisa iga kite Ioane eka mera tafanou natamol toatai aginai.

2. Go eka tikitas, wan ku tafisafisa ko tuli, Temagami O nago ku mato naburou, Aginago nagiema ega tab, Aginago namerameran ega fanamai, aginago namarakarakau ega toke, takanoan e to naburou, takanoanaga ega mera to intano.

3. Aginami teafamien masoko, ba tuagami is seranaliati mou wanaga.

4. Go ba maginami batilu nasigaigleoen aginami, wani sera natamole e merisa ke gami, kinami u mera manai batilu. Go ba fiba balaki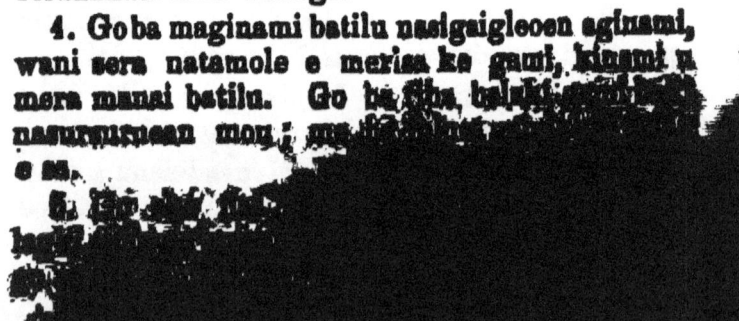 nasurpurnean mou; me

6. Wani tagu iskei e bakilini nabua banamai libisiou, go a tika ki seratrogo aga sukaron kinias.

7. Go nai imrou ego bisateraia bo tuli, Ba tiba, batiou aga bi nawa mou: nimeta e kwon to, go kinami mera karikiki aginou u entano nimaola; a tiba tulena atai aga tuakoso mou.

8. A tikimu is wan ego tiba tulena bo tuai, nale o wane e bi tana mou, naleo naalagoroen aginai ego tulena bo tuai tea ega moutakana.

9. Go kinu a tikimu is, ko fitago, go ego tuamu; ko bilaga go kugo bagmouri; ko tumatuma, go ego magumu tobware.

10. Wani sera nata e bo tu bitago e wusi; go e bo tu bilaga e bagmouri; go e bo tu tumatuma ego manai tobware.

11. Go segamu, nanina ego tagofia, anafa, nakoon, ego tuai fatu? go ebi *tagofia* neika, ego tuai mata ouli neika kite?

12. Go wan e tagofia natol toa, ego tuai mataloa gi subwi kite?

13. Ia, wan kumu, natamol sa, ku tuatai nanimu nafituan wia: e bo bi lesoko bikwilenakasu, Tamamu in naburon ego tu toane ru bo tu bitagos Nimaruna Tab.

14. Go eka to kobalu tiabolo iskei, go nai e bi busa to. Go eka fakilini, tiabolo te bo tu taf ban busa eka bisa; go nafeta natamol laba ruka magasa.

15. Go te segata ruka tuli, E gobalu tiabolo Beelsebul nawota gi tiabolo.

16. Go merafalu ru bo tu su...... ...... tagofia nafeifeien ba naburou.

17. Me nai eka atai agin... ... ... bo tikitas, serinlouna e tumana b............. ...inia ego milati; go nasum e tumana b........ bak..ia, e suki.

18. Go wan Satan e tumana bi teabota bakinia namerameran aginai ego tu takanoui? re ku tuli, ta kobalu tiabolo Beelsebul

19. Go wan kinu a kobalu tiabolo Beelsebul, nanimu ru kobaluira se? Tewanaga nararugo bisabotaimu.

20. Me wan a kobalu tiabolo nakini Atua, nameramerana gi Atua si bakilini ki mu.

21. Maloan mau e bu nieru toko loberakati aginai nasuma, serafuti aginai e to kwia toko:

22. Me maloan nata e bi mau tolia e banamai bo merimatuasa, e sela sera nieru aginai eka tumana silaiasa, go e bakerou aginai seratrogo in nabou.

23. Nata e tiba bo tu neou mou, e bi teabota bakinou : go nata e tiba neou bo tu bilaguru mou, e sabsabiri.

24. Maloan te nimaruna mwota e tafe te natamol bau, e suwara ur alia kara bo tu bilaga namarmaroen; go e bo tiba bagmouria mou e tuli. Ago liliu sili nasum aginou aka tafeisa bano.

25. Go e banamaisu bo bagmouria, e malu en go e meriusia tu.

26. Male e bano go e belaki merafalu larua nimaruna ru tolia nisau; go ru sili bano bo

matoos; go natamol wan eka sa e giki selafe, me e sa bikwilena selaitaku.

27. Go eka fakilini nai te en tuli tea mou wanaga, te nagaruni nafeta natamol eka floso bo tikinias, nakweli eka selatiko e maro go nasusuna kuka susus.

28. Me nai eka tuli, Ia me nara ru bo tu rogi nafisana gi Atua, go bo tu wissukia ru maro bikwilena.

29. Go nafeta natamol laba ru bo tu mou seisei, eka faasa tuli, Intago-natamole wanaga e sa: ru bilaga nafeifeien go rugo tiba libi te nafeifeiena mou, me nafeifeiena gi Iona brofeta, iskeimou.

30. Takanoana Iona eka bi nafeifeien bakilini ki nakan Ninefi, takanoanaga nani natamol ego mera bi nafeifeien bakilini ki intago-natamol wanaga.

31. Nagaruni meramera ni Mastan ego tulena *mal* nafisabotaiena mera intago-natamol wanaga, go ego tubwagotefira: teka mwilu alia mwai mou ni intano bauamai ega atai namitamatuana gī Solomon; go balio teamatuatoli Solomon naga.

32. Nakan Ninefi rugo tulena *mal* nafisabotaiena mera intago-natamol wanaga, go rugo tubwagotefira: nara te ruka subofao nafanouenagi Iona; go baleo, teamatua toli Iona naga.

33. Te nata e tukosu nesulu e tiba bati e bwelu to, kite a to atan ki siloa mou, me e to nakas nesulu, nara ru bo tu sili banamai, te ruga lo namirama.

34. Nesulu gi nakwatokoma e bi nimitama: wan nimitamo e wia, nakwatokoma mou wanaga

a miramas; me wan nimitama e sa nakwutokoma e maligos.

35. Tewanaga ba loberakati namirama te toako tega tiba bi nimaligo mou.

36. Wan nakwatokoma mou wanaga e mirama, bo tu tika ki wora maligo, ego mirama bakouti takanoana nesulu e sor e kwia miramaniko.

37. Go e wo to bisa, Farisai iskei eka firania te raga rua bami: go eka sili bano bo toatau ega fami.

38. Go Farisai eka libisi bo maga teka toatau ega fami bo tiba be fafana mou.

39. Go Nawot eka fisa bakinia bo tuli, kumu nafarisai ku batibisaki intaku las go blet; me emalebutomu e bura ki nafinakoen go nisan.

40. Bobotika, nai eka fati toane e to intaku, eka tiba mera bati, toane a to emalebuto mou kite?

41. Ia ko bitu tea natrumiena toane ku lagkinia; ge baleo, tea laba mou wanetu e magumu tare.

42. Me ko kumu nafarisai e sa bakimu! te ku bati ketrelima gi mint go reu go seranakasu kik, go ku turubisi nafisabotaien go natrumiena gi Atua: e kwia kuga bati tea mou wanaga, go kuga tiba turubisi tea mou wana mou.

43. Ko kumu nafarisai

tiba enlina mou, go natamol ru bo tu suwara ur elagi era, bo tiba ataia mou.

45. Go natamole gi nafanouen iskei eka fisateraia bo tuli, natamol fanou, nafisan tebeloanaga ku mo suerigami is.

46. Go eka tuli, ko kumu natamole gi nafanouen e mo sa bakimu! te ku bati natamol ru selasuki teaselatien e bi selatiena sa, go kumu ku tiba meritrogi teaselatiena netu ki nakinimu iskei mou.

47. Ko kumu kugo sa! te ku ta nasuma nimatigo nabrofeta, go teamatua agumu ruka atugira.

48. Lesoko kumu ku tulseia nakbomu te kwia ki nameriena gi teamatua agumu: nara te ruka atugira me kumu ku ta nasuma nimatigora.

49. Tewanaga namitamatuana gi Atua eka mera tuli, ago tubakilu bakita nabrofeta go nabositelo, go rugo batbunū segata go batsusanaki segata:

50. Intra nabrofeta laba mou wanaga, ruka to ligsia ba selafe ni emeromina, tego bamasoko intago-natamol wanagasa;

51. Ba intra Abel bamou intra Sakaria, nai eka mate sa nimoata liautoumafau go nasuma tab: lesoko a tikimu is, ego bamasoko intago-natamol wanagasa.

52. Ko kumu natamole gi nafanouen, e sa bakimu! te ku selalusu kia gi naataiena: kumu ku tiba sili banamai mou, go ku tubwagori toane ru bo tu sili banamai.

53. Go nai e bo tu tuli tea mou wanaga bakita natamole mitiri go nafarisai ruka bai a alagora kinia bikwila, bo bati ega tuli tea laba.

54. Bo tu gusu rakinia, go bo tu tali tea latalu seratrogo ki nagolina ruga tubwasama kina.

XII.

1. Nafeta natamole manu manu te ru bo tu mou seisei, si ruga tumara bagilagiera, eka fuasa bisa baki natamol toatai agmai, *bo tuli*. Ten feamou ko tumamu loberakatimu ki lefena gi nafarisai, nai e bi ubokrisi.

2. Te namatun e bweluen, go ego tiba enlina mou, e tika; kite e bi bweii, go ego tiba bi tea ataieua mou, etika.

3. Tewanaga tea laba kugai tulia nimaligo, rugo rogia namirama; go seratrogo ku tulia baki intaligena ebwago, rugo trogorog kinia nibou nasuma.

4. Go a tikimu natagu is, ko tiba mitouki toane ru bo tu atbunu nakwatoko mou; go selaitaku ru bo tu tika ki seratrogo rugo mera batia.

5. Me ago biseikimu nata wan kuga mitoukinia: ko mitouki nata wan, naatubunuen e nusu, go o kasua ega sokokinia baki keena; au, a tikimu is, ko mitouki wanetu.

6. Manu kik e lima ru tiba soria mune kik e rua mou kite?

7. Me nalulu naboumu eka fefe bakoutia. Tewanaga ko tibu mitaku mou, ku wia toli manu kik e laba.

LUKA XII.

8. Go a tikimu is, Sera nata te tulseiou nirai in natamol, nani natamol ego mera tulseia nirai ni agelo ni Atua.

9. Me nata e lalagoroou nirai in natamol, ego bi tea lalagoroena nirai ni agelo ni Atua.

10. Go sera nata tego tuli te nafisan baki nani natamol, ego manai mwilu ban : me nata e bissasana ki nimaruna Tab, ego tiba manai mwilu bano mou.

11. Go wan rugai belakimu baki nasuma nalotuen go baki nirai in nawota fisabota, go Nawot, ko tiba mitroabutuaki takanoai, kite toane kuga bisateraras. kite toane kuga tulia mou:

12. Wani Nimaruna Tab ego biseikimu toane e kwia kuga tulia mal iskeimou wan.

13. Go nata iskei nafeta natamol eka tikinias, natamol fanou, ba tiki bwalugu is ega takbotai seratrogo lagkiena tuou.

14. Go eka tikinias, natamol, se eka tuousa aga magumu bi nawota fisabota kite natamol wotawota ?

15. Go eka fisa bakita *bo tuli*, ko lele go ko tumamu loberakatimu ki namiseroan : . nata nasogana e laba kasu, te tiba moli isa mou.

16. Go eka tuli luaki iskei bakita bo tuli, Nifanua gi natamol sogaleb iskei, Nafinagana eka wia :

17. Go eka tumana bisureki bakinia bo tuli, Ago bati insefa ? ta tika ki alia aga bilaguru ki aginou nafinaga natalimate is.

18. Go eka tuli, ago bati toanago : ago busiji ki aginou nasuma nafinaga bakitau, go ago ta tea

kwila tolia; go aginou nafinaga natalimate go aginou toa wia ago bilaguru ki bakoutiasa.

19. Go ago bisureki baki natagu, nata *qu* ku lagki tea wia laba e tu raki intou laba; ba marmar, ba fami, ba mun, ba lailai.

20. Me Atua eka tikinias, Bobotika, bog wanaga ego tagofiko natama; go tea mou wane ku batsukisukisuea ego bi tea gi se?

21. Takan oanaga nata e bo tu tumana maginai bilaguru ki nasogana, go e tiba bi sogaleba baki Atua mou.

22. Go eka fisa baki natamol toatai aginai *bo luli*, Tewanaga a tikimu is, ko tiba mitroabutuaki natamu insefa kuga famia mou; kite nakwatokomu insefa kuga sunia.

23. Nagmolien e matua toli tea famiena, go nakwatoko e matua toli tea sunean.

24. Ko atai berakati refen, te ru tiba lilou kite kilikili mou; ilibwagoen kite nasuma nafinaga aginara e tika; go Atua e bakalira: e bi lesoko kumu ku wia toli manu o bikwila kasu.

25. Go segamu e mitroabutuaki bo taumiatai nakwatokon' kubit iskei is?

26. Wan ku tiba batiatai tea akina giki mou, e kua kinia ku mitroabutuaki tea rafalu?

27. Ko atai berakati nasuma lili,

tebeloanaga, e bi lesoko bikwilena kasu ego tuamu tea sunean, natamol seralesoko e giki.

29. Go kumu ko tiba bilaga toane kuga famia kite toane kuga munugia mou, go ko tiba babutuaki mou.

30. Wani tea mou wanetu inlouna ni emeromina ru bilagas: go temamu e atai tea mou wanaga te kwia kimu.

31. Ia ko bilaga nameramerana gi Atua; go tea laba mou wanaga ego taumia bi agumu.

32. Ko tiba mitaku mou, talu-in-sib e kik; te tu naleo nakbo temamu ego tuamu namerame rana.

33. Ko sori teagumu go ko fitu tea natrumiena; ko magumu bati inlinmune te tiba tuai mou, nasoga *mu* te nu sarafi naburou, alia wai natamol binako e tiba bakilini mou, go feko e tiba batsa ki seratrogo mou.

34. Wani alia wai nasogamu e tokos, luane nakbomu ego mera tokos.

35. Ko tasuki namalomu tu, go nesulu agumu ruga tou sor;

36. Go kumu ko takus natamol ru bo toraki aginara Nawot, maloan ego liliu ba naliona nafitourien banamai; egai banamai go egai tumatuma, te ruga manai balagati marafirafi sa.

37. Nitasila wan ru maro, Nawot ego banamai bo bagmourira ru bo tu lele: lesoko a tikimu is, ego tumana tasukia, go ego batira rugo toatau, go ego banamai bo sukarou kita.

38. Go e bi fanamai naloon kuru ... loon kĭtolu go e bi fagmourira takan ... la wan ru maro.

39. Me ko atai toanaga, Atuloki ... bi atai mal tubalise natamol binako ego banamai, e bi tu leo, go e bi tiba turubisia ega butiborai nasum aginai mou.

40. Tewanaga kumu ko mera merisukisuki toko: wani te mal ku tiba mitroakinia mou, nani natamol e banamai.

41. Go Betero eka tikinias, Nawot ku tuli luakia wanaga bakigami, kite e mera baki bakouti tealaba?

42. Go Nawot eka tuli, Se si bi tasila bilesoko go mitamatua, Nawot ego bisakia nasum in kiena, ega tu nakau sum aginai aginara wata mal agana?

43. Tasila wan e maro Nawot aginai ego banamai bo bagmourira e bo tu bati takanoana.

44. Lesoko a tikimu is, tego bisakia ego bakilag ki tialaba aginai.

45. Me wan tasila wan egai tulia nakbona, Nawot aginou e merimeliki nafanamaien aginai; go ego faasa bokati nikarikik; go nagarunikik; go ega bami; go ega mun; go ega mate ki namunuen;

46. Nawota gi tasila wan ego bakilini te naliati egai tiba leogorosa mou, go te mal egai tiba ataia mou; go ego tagotefla ega rua; go ego bati wata aginai ega ne wata gi toano ru tiba seralesoko mou.

47. Go tasila wan eka ataisu namamakarakana gi aginai Nawot, go eka tiba merisukisuki kite

bati e takus namarakarakan aginai mou, ego bokatia bikwila.

48. Me nata eka tiba ataisuea mou go eka fati toane nabokatien e bi nasokarien agana, ego bokatia e giki. Go sera nata e tuai tea bikwila, ego tagofia tea bikwila; go nata wan natamol ru tuai tea bikwila, rugo tagofia tea bikwila kasu.

49. Aka fanamai aga netaki nakabufaga baki intano; go ago marakaraka insefa wan e bo sor bakilag?

50. Rugo babitaisiou aginou nabtaisien, go takanakua a to tumagu tisukiou ba egai nu!

51. Ku mitroakinia taka fanamai aga bitu netomate intano? E tika, a tikimu is; me natakbotaiena.

52. Wani ba maloanaga, tealima rugo to nasum iskeimou bo tumara bi tcabota bakita, teatolu baki tearua, go tearua baki teatolu.

53. Tematemata nanoi ruga tumara bi teabota bakita; go temabwilita nagaruni; go temamwota nagaruni.

54. Go eka mera tiki nafeta natamol is, wan ku libi intaiinlagi e saki ba wora ni elumusu, ku marafi tuli, Us e banamai; go e takan oanaga to.

55. Go wan Mastan e bo mouri, ku li, suisui ego toko; go e bakilini.

56. Ubokrit, ku ataikbotai nirai natano go naburou; me egua naga ku tiba ataikbotai mal oanaga mou?

57. Me e gua naga ku tiba tumamu bisabotai toane e lena mou?

58. Wan kumu mera walubota bakigo ra to ban baki nirai nawota fisabota, ba merimatua nabua kuga mwilu tua kinia; ebla touweruako ba libi nawota fisabota, go nawota fisabota ebla tu tasila ko, go tasila ebla sokokigo baki nasum iuselseliena.

59. A tikigos, kugo tiba tafeisa mou, ba ba kugai be sokari tea skina giki etaku mou.

XIII.

1. Go teawai ruka toko maloan, bo tu tikinia nakan Kalilai. Bilato eka fati intrara eka sokone intoumafan aginara.

2. Go Iesu eka fisaterara bo tuli, Ku mitroakinia, nakan Kalilai mou wanitu, te ru toli bakouti nakan Kalilai nasigsigleoen, seratrogo tebeloanitu teka fakilini kita.

3. A tikimu is, E tika: me wan kuga tiba subofao mou, kugo mera fuel bakouti e takusira.

4. Kite nara relim iskei temati latolu, nasuma barou in Siloam eka sukigorira go eka fatibunuira, ku mitroakinia nara netu te ru toli bakouti nakan Ierusalem nasigsigleoen?

5. A tikimu is, E tika: me wan kuga tiba subofao mou, kugo fuel bakouti e takusira.

6. Go eka tuli luaki wanaga; nata iskei eka lagki nakas fik, eka to bisou aginai atalimate fain; go eka fanamai bo tu bilaga nuanas, go eka tiba bagmouri mou.

7. Go eka tuli baki bou wisiwis atalimate fain, Baleo, intou tolu a banamai bo tu bilaga nuan

nakas fik wanetu, go a tiba bagmouri tete mou: ba taluai ega fau; e gua naga ega mero bati intano e sa?

8. Go eka fisateraia bo tuli, Nawot, ba turubisia ega mera to intou wanetu ba ba ago gili kinia bo busi intaiisa:

9. Go wan ega bati nuan, e kwia : go wan ega tika, kugo mallua taluai ega fan.

10. Go eka en fanoura nasuma nalotuen iskei naliati namarmaroen.

11. Go baleo, nagaruni eka lagki nimaru namaneincien to intou relim iskei temati latolu, go eka en gusu tou, go eka tulena sarafi serali mou wane.

12. Go Iesu eka libisia bo sosen go tikinias, a ratiluako namaneineien aginago, nagaruni O.

13. Go eka tofia naruna : go eka marafirafii tulena, go eka seralomatua Atua.

14. Go Nawota gi nasuma nalotuena eka fisamaieto, Iesu teka buabakamouria naliati namarmaroen, bo tiki nafita natamol is, naliati latesa to, e lena kuga wisiwis is : tewanaga ko fanamai ega buabakamourimu is, go ko tiba banamai naliati namarmaroena mou.

15. Tewanaga Nawot eka fisateraia bo tuli, Ubokrit, nata sikiskeimu e tiba ratilu bulumakou kiti as aginai ki naliina naliati namarmaroen, bo belakia bano ega munu mou kite?

16. Go nagaruni wanetu, nani Abraam iskei, Satan eka selsukia, baleo, intou relim iskei temati latolu, e tiba lena mou aga ratiluai ki teaselsili wanetu naliati namarmaroen mou kite?

17. Go nai e bo tu tuli tea mou wanaga, nara ru bi walubota bakinia ruka maliere bakouti go tealaba ruka maro bakouti seratrogo matua nai eka fatia.

18. Go eka tuli, Nameramerana gi Atua e takus insefa? Go ago tuli insefa e takusia?

19. E takus nabati musita iskei natamol eka selatia bo busia atalimate aginai; go eka bisou bakilag, bo bi nakas matua; go manu gi naburou ruka fanamai bo lou arana.

20. Go eka mero tuli, Insefa ago tuli nameramerana gi Atua e takusia?

21. E takus lefen nagaruni eka selatia bo tasurikinia nakwilou toto tolu in flour ba ba lefen eka to useriki bakoutia.

22. Go eka suwara ur natokon go natokona kiki bo tu fanou go bo tu suwara lolo baki Ierusalem.

22. Go nata iskei eka tikinias, Nawot, nara ru moli nafakamouriena, ru batik, kite? Go eka tuli bakita,

23. Go nata·iskei eka tikinias, Nawot, nara ru moli nafakamouriena, ru batik, kite? Go eka tuli bakita,

24. Ko merimatua ega kasua kuga sili ur nimeta e bi silawos; tealaba, a tikimu is, te rugo bilaga sili uru is, go rugo tiba batiataia mou.

25. Ba maloan atulaki egai tulena go kisuki nimetasa, go kugai baasa tu ekatema, bo tu tuli, Nawot, Nawot, ba maginami balagati; go ego bisateramu bo tuli, a tiba ataimu ku base mou:

26. Male kugo faasa tuli, uka fami go mun niraiema, go kuka fanou nabua matua aginami.

27. Go ego tuli, a tikimu is, ta tiba ataimu ku ba se mou; ko mwilu tua kinou bakouti ban, natamol wisiwis agi maltagili.

28. Alia wai intagiena go naletereubatiena ego tokos, maloan kugo libi Abraam go Isaak go Iakob, go *kugo libi* bakouti nabrofeta, nalouna gi Atua, go kugo libisimu ku bi tea semusemunu ni etak.

29. Go rugo bakilini ba wora-ni-elusaki go wora-ni-elumusu go tokalou go mastan, go rugo toatan nalouna gi Atua.

30. Go baleo, tete itakumou rugo feamou, go tete beamou rugo etakumou.

31. Go naliati iskeimou wan tete Farisai ruka fanamai, bo tu tikinias, Ba mwilu luanaga bano: Erot te marakaraka atugko.

32. Go eka tikitas, kugai bano bo tiki fokis wanimbas, Baleo, a kobalu tiabolo, go a buabakamouri, mais go mitimei, go naliati kitolu ago mate.

33. Me e lena kinou aga suwara mais go mitimei, go naliata e rousia: brofeta te tiba bi te ega mate sa ataku ki Ierusalem mou.

34. Ko Ierusalem, Ierusalem, ku atugi nabrofeta, go nafakou bakigo ku netira ki fatu: sela bi eka marakaraka meraguru ki nanima, e gite toa e meraguru ki aginai nanina atanki nafarun, ga kuka tiba marakaraka mou!

35. Baleo, e turubisi nasum agumu ega milati: me lesoko a tikimu is, kugai tiba libisiou mou ba bakilini maloan kugo tuli is, Tuga bisakwia ki toane e bo tu banamai nagie Nawot.

XIV.

1. Go eka fakilini nai teka sili nasumo gi Nawot iskei gi nafarisai, naliati namarmaroen ega fami nakoou go nara ruka to loberakatia.

2. Go baleo, te natamole e su nisana gi trobsi, eka to niraiena.

3. Go Iesu eka fisatera, bo bisa baki natamole gi nafanouena, go nafarisai, bo tuli, Nafuabakamouriena e mole naliati namarmaroen kito e tika?

4. Go ruka funutan; go eka fuutia bo bakamouria; go tubakilui;

5. Go eka fisaterara bo tuli, Segamu wan as kite bulumakou aginai e troa baki moru ego tiba marafirafi buluai ualiati namarmaroen mou?

6. Go ruka tiba kasua ruga bisateraia tea mou wanetu mou.

7. Go eka tuli luaki baki natamolo ruka fitoura, ekai libi takanoai ruka mitilu tea sakisakiena feamou; bo tu tuli bakita.

8. Wan te nata e bitouako baki nalioana nafitouriena, ba tiba toatan tea sakisakiena feamou mou; nai ebla bitou te natamole e wia toliko;

9. Go nata eka fitoumu ku ra trua, ego banamai bo tikigos, Ba tuai luanaga; go male ku baasa malieri bo baki alia etakumou.

10. Me wan e bitouako, ba fano toatan alia etakumou; wan nata eka fitouako egai banamai, tego tikigos, Tagu, ba saki baki kobe; male kugo matua nimita tealaba ku mou toatan kuga fami.

11. Sera nata te bo tu tumana bati e bakilag, ego bakitan; go e bo tu tumana bati e bakitan, ego bakilag.

12. Go eka tuli baki nata eka fitous, wan ku bati loulou famiena gi aliati kite agi gotafanu, ba tiba bitou natama mou, kite nabwaluma, kite namiterou aginago, kite nakan kiema ru bi sogaleba; nara rubila mo bitouakos bo sokaria bakigo.

13. Me wan ku bati loulou famiena, ba fitou reko, goli, teafasa, mitakis:

14. Go kugo maro; nara te ru tiba sokaria ataia bakigo mou: wani ego sokaria bakigo mal natulenana gi tealena.

15. Go iskeiira ru bo mou toko eka rogi tea mou wai, bo tikinias, nai te bami nakoon nalouna gi Atua, e maro.

16. Go eka tikinias, natamole iskei eka fati inloulou famiena gi gotafanu, go eka fitou tealaba :

17. Go eka tubakilu natamole aginai mal nafamiena, ega tiki toane eka fitouras, ko banamai; seratrogo laba te bo masoksok tok.

18. Go ruka faasa garei bakouti, nakbota eka skeimou is, Teafeamou eka tikinias, Aka fagkot nifanua iskei, go e bi aginou aga taf ban go aga libisia: a firaniko ba turibisiou aga tiba binote mou.

19. Go teabota eka tuli, Aka fagkot bulumakou relim iskei, go a ba batitrogira: a firaniko ba turubisiou aga tiba binote atai mou.

20. Go teabota eka tuli, Aka fitouri nagaruni, go tea wai wane a tiba finote atai mou.

21. Go natamole wan eka fakilini bo tiki Nawot aginai tea mou wane. Male atulaki nasuma eka maritous bo tiki natamole aginai is, Ba marafirafi taf ban baki nabua matua go nabua kik in

natokona, go ba felaki roko, go goù, ꞏo ᴛ ꞏ ꞏ ꞏ, go mitakis, baki luanaga

22. Go natamole eka *tuli*, Nawot, ꞏꞏ e kus nafisuakien aginago, go alia būra ꞏ ꞏ ꞏꞏko.

23. Go Nawot eka tuli baki naꞏꞏꞏ ꞏ Ba ꞏfe baki nabua laba go nakoro nabua Iꞏlꞏꞏ go bꞏꞏ merasogiera ruga fanamai, nasum ꞏgꞏꞏou tꞏgꞏ bura.

24. Wani a tikimu is, natamole iskei agi tea mou wane aka fitoura ego tiba gatitrogi aginou nafamiena gi gotafami mou.

25. Go nafita natamole laba ruka mou bano me nai : go eka meraroa, bo tikitas,

26. Wan nata e banamai libisiou go e tiba garei ki anafa mou, go bwilena, go anagaruni, go nanina, go nabwaluna, go nagorena, go aginai nagmoliena, e tiba bi to bi natamole toatai aginou mou.

27. Go te nata e tiba sela aginai teaturbunu, bo banamai rouisou mou, e tiba bi to bi natamole toatai aginou mou.

28. Wani segamu e bo tu marakaraka ta nasuma, e tiba be toatan bo fife namurien agana, seratrogo aginai ebla batibakoutia kite ebla tika.

29. Nai ebla batsu inlaken anagana e toko, go ebla tiba kasua ega batibakoutia mou, tealaba ru bo tu libisia te rugo tiba faasa fukaru kinia mou,

30. Bo tuli, natamole wanetu eka faasa ta nusuma, go eka tiba kasua ega batibakoutia mou.

31. Kite se, Nawot, e bo tu binote ega bati Nawota bota nafakal, e tiba be toatan bo mitroakinia mou, ebla bi to bati walubota manu relima rua nafakal, ki aginai manu relim iskei kite ebla tika?

32. Go wan e tika, teabota te wo to mwai kasu, e tubakilu natamole, bo firania raga tumara sera bakita.

33. Takan iskeimou sera nata amu te tiba turubisi bakouti teagieai, e tiba bi to bi natamole toatai nginou mou.

34. Tasmen e wia : me wan tasmen e mam, ego gkono ki insefa?

35. E tiba kwia ki intano kite toua ni intai mou : ru sokoba kinia. Nata e bo lagki intaligen ega rogo, ega rogo.

XV.

1. Go natamole bilatouaki taba go natamole sigsigleo ruka laba baki malitiga kinia ruga rogia.

2. Go nafarisai go natamole mitiri ruka tauruou bo tu tuli, Nai wanetu te wissuki natamole sigsigleo go ru mou bami.

3. Go eka tuli luaki wanaga bakita, bo tu tuli,

4. Segamu natamole iskei, aginai sib e bi buuti, go e batibuleki iskeiira, e tiba turubisi relim e lifiti temati e lifiti lia milati mou, go ba raki tea buele, ba e bagmouria?

5. Go e bagmouria bo bati e to nababuna, bo tu maro.

6. Go e banami baki suma, bo so seiseiki natana go nakan kiena, bu tu tikitas, Tuga mou maro, taka fagmouri sibi buele aginou.

7. A tikimu is, Namaroen tebela wanaga ego rbikwila naburou naleo natamole sigsigleo iskei ebo tu subofao, me ego kiki naleo tealena relim e lifiti tema:i lifiti nasubofaoen e tiba kwia kita mou.

LUKA XV. 71

8. Kite se, nagaruni, e bo tu lagki mune relim iskei, wan e batibueleki mune iskei, e tiba tuko nesulu mou, go sera nasuma, go bilagasebikwila, ba ba e bagmouria ?

9. Go e bagmouria bo so sciseiki natana go nakan kiena, bo tu tuli, Tuga mou maro, laka fagmouri mune wan aka fatibuelekinia.

10. E tebela wanaga, a tikimu is, namaroen e to nirai ni agelo ni Atua naleo natamole sigsigleo iskei e bo tu subofao.

11. Go eka tuli natamole iskei nanina eka rua.

12. Go takarik eka tiki anafas, mama ba tuou wata gi seratrogo e bi aginou. Go eka bwotai nasogana tuira.

13. Naliati e tiba laba mou e nu, go nanina takarik eka seragurumaki ·bakouti seratrogo bo mwilu baki nafanua mwai, go eka sori bwaragoto nasoganas, bo tu bolofɔlo sa.

14. Nai eka sori bakouti suea, go nafiteloa bikwilena eka fakilini ki nifanua wan; go nai eka faasa tika ki seratrogo.

15. Go eka fano bo ne natatoko iskei nifanua wan; go nai eka sua kinia baki atalimate aginai ega bagani wago.

16. Go eka mesou nakwelina ega buka nouwilifamiena gi wago : go te nata eka tiba tuaisa mou.

17. Go eka tumana ataia, bo tulia, natamole gi mama aginou e murira nawisien aginara ru bi, ru buka nakoon e bi namagafei tu, go kinu a bo matesa ki nafiteloa!

18. Ago tulena bo ba libi mama aginou, go ago tikinias, mama, aka fati nasigsigleoen baki naburou go niraiema.

19. Go a tiba mo kwia kuga soou ki nanima mou: ba fatiou aga takus teaskeiira ku murira nawisiena.

20. Go oka tulena bo banamai libi anafa; go uai te wo to mwaikasu anafa eka libisia; go eka rogaisaas; go eka uru, bo troa baki nanoan go sumia.

21. Go nanina eka tikinias, Mama, Aka sigsigleo baki naburou go niraiema, go a tiba mo kwia kuga soou ki nanima mou.

22. Me anafa eka tuli baki natamol wisiwis aginai, ko selulu tea sunian e skina kwia go suagorias, go bati rig ega to naruna, go seu ega to natuon.

23. Go ko felakilu nan-bulumakou barua bo atugia; go tuga fami bo lailai:

24. Nanigu netu teka mati go e mo moli; eka fuele. go e mo bakilini. Go ruka faasa lailai.

25. Me nanina takaleb eka mato atalimate: go e bo tu banamai baki malitiga ki nasuma, eka rogi naligana go insaliena.

26. Go eka so teaskeiira nikarikiki banamai, bo boususiis, insefa netu?

27. Go eka tikinias, Bwaluma te bakilini; go mafa e atugi nan-bulumakou barua, te mero buutia e bo tu roginouian.

28. Go eka maritous, go eka tiba marakaraka sili banamai mou. Tewanaga anafa eka tafe bano bo firania.

29. Go eka fisatira, bo tiki anafas, Baleo, intou mou wane tu a to sileiko, go a wo tiba sigbiri nafisuakien iakei aginago mou, go ku wo tiba

tuou nan nanan mou kinami mera natagu te uga mou lailai :

30. Me nanima netu, te sori bakouli nasogama tu nagaruni mitananoi is, e banamai go ka manai atu nan-bulumakou barua.

31. Go eka tikinias, Nanigu, ku neon to serali mou wanaga, go tea laba aginou, e bi aginago.

32. E lena tuga lailai go maro : bwaluma netu teka mate, go e mo moli ; go eka fuele, go e mo bakilini.

XVI.

1. Go eka mo bisa baki natamole toatai aginai *bo tuli*, Natamole iskei Sogaleb eka lagki tasila : go ruka tubwaia tikinias te bo tu sori bwaragoto nasogana.

2. Go eka sosia bo tikinias, Insefa naga a trogko is? ba tulsei aginago nawisien in tasila ; wani ku tiba bi to bi tasila toko mou.

3. Go tasila eka tumana tikinias, ago bati insefa? Nawot aginou tego selalu nawisien in tasila ou : a tiba kasua aga kili mou, go a maliere aga bitago.

4. A atai netia ago batia, wan a makota ki nawisien in tasila, te ruga wissukiou baki nasum aginara.

5. Go toane ru wo tiba sokari seratrogo gi Nawot, aginai, eka so sikiskei kira banamai, bo tiki teafeamou is, Seratrogo bi ku wo tiba sokaria tu Nawot aginou mou ?

6. Go eka tuli, Toto in narora bunti iskei. Go eka tikinias. Ba sela tusi aginago, go ba toatan marafirafi bo mitiri relim ega lima.

7. Mau eka tiki teabotas, Go nago ku wo tiba sokari tea bi mou? Go eka tuli, Toto in wit bunuti iskei. Go eka tikinias. Ba sela tus aginago go ba mitiri relim ega latolu.

8. Go Nawot eka surosuroki tasila botagili, e tubwa aginai namerien namitamatuan: nani emeromina wanaga te ru mitamatua toli nani namirama tea faka kieta.

9. Go kinu a tikimu is, Ko magumu bati natamu mamona gi maltageli: wan ku mate, te ruga wissukimu baki liatoeu in serali.

10. Nata e bilesoko tea skina giki, e mo bi lesoko tea bikwilena: go nata e tiba lena tea skina giki mou, e mo tiba lena tea bikwilena mou.

11. Tewanaga wan ku tiba bi lesoko mamona botageli mou, se ego fafatuamu tea filesoko?

12. Go wan ku tiba bi lesoko teabota mou, se ego tuamu teagumu?

13. Te natamol iskei e tiba sileiatai Nawot e rua mou: wani ego garei ki teaskei, go trumi teakerua; kite ego gono ki teaskei, go mitroabiri teakerua. Ku tiba sileiatai Atua go mamona mou.

14. Go nafarisai, natamole miseroa, ruka rogi tea laba mou wanetu: go ruka fukaru kinia.

15. Go eka tikitas, kumu ku bi toane ku tumamu batimu ku lena nirai in natamol; me Atua e Atai nakbomu: toane natamol ru mitroakinia e kwia berakati, e bi tea musukutakiena nirai ni Atua.

16. Nafanouen go nabrofeta ruko to ban bakilini Ioane: ba maloan ru trogorogki naregorogoanouia gi nameramerana gi Atua, go sera nata e mirigasua siliis.

17. Me e bi lobwalo naburou go intano to rega mwilu buele, go lokasua malmal kiki gi natanouena tega troa mole.

18. Sera nata e turubisi anagaruni go e bitouri teakerua, e touso; go sera nata e fitouri nagaruni anuwota e turubisia, e touso.

19. Go te natamole iskei eka fi sogaleba, go eka su kulikul miel go kulikul batikik bo tu lailai bikwilena sera naliati:

20. Go te ruko iskei nagiena Lasaro, eka entano likau aginai, nakwatokon eka bura ki namanuk.

21. Go eka mesouna ega buka ki nafero te bo tu bera ta lia nafamiena gi sogaleba: me koria ruka to banamai bo minaminai namanuk aginai.

22. Go eka fakilini, reko teka mate, go agelo ruka selatia binote baki naruma ni Abraam; go sogaleba eka mero mate go ruka ofakinia

23. Ge e bo tu bituntunu keena, eka losabi bakilag, bo libi Abraam mwai kasu, go Lasaro e en narumanan.

24. Go nai eka fioso bo tuli, Mama, Abraam, ba rogaisaou, go ba suaki Lasaro, tega bugi namasu nakinina noai, go ba namenagu ega milati; ta to bituntunu bikwilena mena-nakabu wanaga.

25. Go Abraam eka tuli, nagigu ba mitroaberakatia nago kuka su saratroga wia aginago mal nagmoliena aginago, go e gita toana Lasaro

trogo sa: me mal oanaga, nai e maro toko, go nago ku to bituntunu bikwilena.

26. Tea laba mou wanaga, go e mero batisuki nakweloa maligoligo kasu e tobetaiigita, nara ru bo tu marakaraka likougoto binote libisimu. te ruga tiba batiataia mou; go nara ru bo tu marakaraka likougoto bakigami, te ruga mera tiba batiataia mou.

27. Go eka tuli, Tewanaga, Mama, a firaniko, te kuga suakinia ega baki nasuma gi mama aginou:

28. Wani nibwalugu ru lima; tega tulsei bakita, te ruga tiba mero banamai baki lia nafituntunuen wanaga mou.

29. Abraam e tikinias, Ru lagki Mose go nabrofeta; ruga rogira.

30. Go eka tuli, E tika, Mama, Abraam: ia wan egai mwilu teamate ba libisira, rugo subofao.

31. Go eka tikinias, wan ru tiba rogi Mose go nabrofeta mou, nata ebi mwilu teamate tulena, rubi mero tiba seralesoko mou.

XVII.

1. Go eka tuli baki natamole toatai aginai, E kasua berakati, tea tokonakiena tega tiba banamai mou: me e sa baki nata wan e banamai is!

2. E kwia kinia ruga liko fatumbua nanoan bo seliakinia baki intas e bua mitati, me e sa tega bati teaskei kita teakiki netu ega tokonaki.

3. Ko tumamu loberakatimu; go wan bwaluma o merisa kigo ba fanous; go wan e subofao, ba manai batilu.

4. Go wan e bakalarua merisa kigo naliati iskei; go e bakalarua meraroa bakioo naliati iskei, bo tu tuli, A subofao; bo mano bonilu.

5. Go nabositelo ruka tiki Nawoios, Ba fati naseralesokoen aginami ega bikwila.

6. Go Nawot eka tuli, Kubi lagki naseralesokoena tebela nabati musita iskei, kubi tiki nakas sukamin wanetu is, Ba fakulu nakoam go ba tumama louako intas ebua; go ebi rogi naliomu.

7. Go segamu aginai natamole bo kili intano, kite bagani wago bukal, bo liliu atalimati banamai, ego mallua tikinias, Ba fa toatan kuga fami?

8. Me ego tiba tikinias mou, Ba merisukisuki tago fami, go ba tasuki kulikul aginago bo sukarou kinou, agai fami go mun; go selaitaku nago bo fami go mun?

9. E bisakwiauiaki natamole wan te bati toane e suakinias kite? A mitroakinia e tika.

10. Kumu ku mera takan oanaga tu, wan kugai bati bakouti toane e suakimuis, ko tuli naga, Tu tiba bi natamole wia mou. toane te bi tea nasokariena tuga fatia tuka fatia.

11. Go eka fakilini nai te to bano ega baki Ierusalem eka uru malibuto ki Sameria go Kalilai.

12. Go nai te to sili natokon iskei, leber relim iskei ruka suai ruka lou matu mwai:

13. Go nara ruka floso' bakilag bo tuli, Iesu Nawot ba rogaisagami.

14. Go eka libisira bo tikitas, Ko ba bisalki natamole toumafa mu. Go eka bakilini nara te ru mato binote ruka malu.

15. Go teagata iskei eka libisi te roginouian bo liliu bo tu bioso bikwila seralomatua Atua,

16. Go eka troa tabwalosua baki natuon, bo tu bisakwiauiakinia, go nai eka fi Kano ni Sameria.

17. Go Iesu eka fisa bo tuli, Relim iskei ruka tiba malu mou kite me tealifiti ru we?

18. Ru tiba liliu bakilini ruga tu Atua namatuana mou, me kano in liabota netu iskeimou.

19. Go eka tikinias, Ba tulena bo ban: naseralesokoen aginago e bakamouriko.

20. Go nufarisai ruka foususias, nagas nameramerana gi Atua e banamai eka fisaterara bo tuli, Nameramerana gi Atua e tiba banamai e gite tea libisiena mou:

21. Go rugo tiba tuli Baleo, luwa! Kite, baleo, limba! mou, wani baleo, nameramerana gi Atua e to malebuto kimu.

22. Go eka tuli baki natamole toatai naliati rugo banamai kugo mesouna kuga libi naliati iskei gi nani natamole is go kugo tiba libisia mou.

23. Go rugo tikimuis, Baleo, luwa; Kite, baleo, limba; ko tiba tafe bano kite rousira mou.

24. Wani takanoana nifili e bili talefa iskei in naburou, mirama baki talefa kerua in naburou; nani natamole ego takanoanaga tu naliati aginai.

25. Me e bi tea ega bakilini, egai be rogitesa bikwilena, go intago natamole wanaga ruga tubwatubwea.

26. Go takanoai eka fakilini mal agi Noa, ege mero takau oanaga toku mal agi Nani natamole.

27. Ruka fami, ruka mun, ruka fitouri, ruka sori e lak, bano bamou naliati Noa eka sili ihiba-

goenas, go nobu eka fanamai, go ha....... .....outiera.

28. Go eka fakilini takan ..kenu ....ra mal agi Lot ; ruka fami, ruka m...., ... ruka sori, ruka lilou, ruka ta nasu....

29. Me naliati Lot eka mwilu t... k. .... nakabu go fatufaga eka kwa ba nab....ou, go b.tu bunu bakoutiera.

30. Ego takus tea mou wane toko naliati Nani natamole ego bakilinas,

31. Naliati wan, nata wai ego to nasua nasuma go seratrogo aginai e tu imrou tu, ega tiba sua selatia mou: go nata e to atalimate, takan iskeimau ega tiba liliu banamai mou.

32. Ko mitroaberakati Lot anagaruni.

33. Wan te nata e bilaga muti nagmolien aginai ego batibuelekinia ; go wan te nata e batibuelekinia ego mutia.

34. A tikimu is, bog wan nata e rua rago to nimaolo iskeimou ; rugo fuuti iskei ban go turubisi kerua.

35. Nata erua rogo to ma tea skeimou; rugo fuuti iskei ban go turubisi kerua.

36. Nata erua rago to atalimate; rugo fuuti iskei bano, go turubisi kerua.

37. Go ruka fisateraia bo tuli, E we, Nawot? Go eka tikitas, Alis wai nakwatokon e tokos ikel rugo mou seisei is.

XVIII.

1. Go eka mero tuli luaki iskei bakita, tebi lolena ruga tafisafisa bitubituba, go ruga tiba marobutuakiisa mou,

2. Bo tu tuli, Nawota fisabota iskei eka to natokon iskei, bo tu tiba mitouki Atua kite lakolakoki natamol mou:

3. Go malib iskei eka to natokon wan; go eka to fanamai libisia bo tu tuli, ba fati walubota bakinou ega sokari tcaginou.

4. Go eka tiba marakaraka mou te mal; me solaitaku eka tumana tikinias, a tiba mitouki Atua, kite lakolakoki natamole mou;

5. Me malib wanetu e to banamai batiou, go ago manai bati nasokariena, tega tiba to banamai. bitubetuba bo batigasuakinou mou.

6. Go Nawot eka tuli, Ko rogi toane nawota fisabota botageli e tulia.

7. Go Atua ego tiba magi tea metiluan aginai bati nasokarien, ru bo tu gei firania aliati go bog, go e bo tu suki e barou naliora mou kite?

8. A tikimu is, ego manara bati nasokarien marafirafi, Sa me wan Nani natamole ego banamai, ego bagmouri naseralesokoena intano kite?

9. Go eka mero bisa baki toane ruka to tumara seralesokora te ru lena, go ruka to serateamole namerafalu, bo tikita luaki wanaga:

10. Natamole e rua raka saki baki nasuma tab raga tafisafisa; teaskei Farisai go teakerua natamole bilatouaki taba.

11. Farisai eka skina loutu bo tafisafisa tuli tea mou wanaga, Atua, a bisakwianiakigo ta tiba gite natamole rafalu, ru binako, ru botageli, ru touso, go ta mero tiba gite natamole bilatouaki taba netu mou.

12. A bakarua bali wik iskei, a bitu kerelima in tea laba a biatulakena.

13. Go natamole bilatouaki taba eka tu mwai bo tiba marakaraka losaki baki nabarou mou, me eka robagi narumana, bo tu tuli, Atu: ta rogaisaou natamole sigsigleo.

14. A tikimu is, Nai wanetu eka lena bo sua baki sune aginai, me nai wan e tika: sera nata e bo tu tumana bati e bakilag, tego bakitan; me nata e bo tu tumana bati e bakitan, ego bakilag.

15. Go ruka sela totou banamai ega meritrogira: me natamole toatai ruka libisia bo fanoura.

16. Me Iesu eka sosora banamai bo tuli, Ko turubisi Karikiki ruga banamai libisiou, go Ko tiba tubwagorira mou: wani nameramerana gi Atua e bi agi teatebele.

17. Lesoko a tikimu is, wan te nata ego tiba wisisuki nameramerana gi Atua mou e takus karikiki, ego tiba siliisa mou.

18. Go te Nawot iskei eka foususias bo tu tuli, natamole fanou wia, ago bati insefa bo biatulaki nagmolien in serali is?

19. Go Iesu eka tikinias, Ku soou kwia insefa? te nata e tiba kwia mou, me Atua e skeimou.

20. Ku atai natisuakiena, Ba tiba tousoo mou, Ba tiba atunibou mou, ba tiba binako mou, ba tiba bisuru natubwana mou, ba seralomatua mafa go bwilenea.

21. Go eka tuli, Tea laba mou wanaga aka losukisukia ba mal nafikarikien aginou banamai.

22. Go Iesu eka rogi tea mou wanetu, bo tikinias, Ku wo tika ki tea akei: tea laba ku lag-

kinia, ba soria, go ba fakerous tu reka, go kugo lagki nasogama naburou: go ba fanamai rousiou.

23. Me mai eka rogi tea mou wanetu bo milesu toko; wani eka bi sogaleba berakati.

24. Go Iesu eka libisia e bo tu milesu toko, bo tule, E Kasua berakati toane nasogata laba ruga sili nameramerana gi Atua banamai!

25. Wani e bi teamole kamel ega sili nimeta turituri, me teakasua sogaleba ega sili nameramerana gi Atua.

26. Go toane ruka to rogo, ruka tuli, Go se e moliatai nafakamouriena?

27. Go eka tuli, tea mou wane natamol ru tiba batiataia mou, Atua e batiataia.

28. Go Betero eka tuli, Baleo, kinami uka turubisi tea laba, go rousiko.

29. Go eka tikitas, Lesoko a tikimu is, Te nata e tika, te turubisi nasuma, kite teamatua, kite nibwaluna, kite nagaruni, kite nanina, naleo nameramerana gi Atua.

30. Tego tiba su tea laba kasu tolia mal oanaga mou, go nagmolien in serali emeromina itaku.

31. Go eka fuuti temati rua bo tikitas, Baleo, tu saki baki Ierusalem go tea mou wani nabrofeta ruka mitiria nani natamole, naleon ego soko bakoutiia.

32. Wani rugo tu inlouna maligos, go rugo fukaru kinia, go rugo bisalebakinia, go rugo tanuea:

33. Go rugo boketia bo atugia: go nafiati katolu ego meru tulena.

34. Go nara ruka tiba mitroatai te....... gi tea mou wanetu mou: go nafisana wanel.. ....velu kita, go ruka tiba atai toane eka tulia mou

35. Go eka fakilini, nai e bo baki maliti, ki Ieriko, go mitakis iskei eka toatu.. ..ti.. kabua, bo tu fitago:

36. Go eka rogi nafeta natamo'.. .. .. tu suwara bano, bo foususiis e bi insefa:

37. Go ruka tikinias, Iesu in Nasaret e bo banamai ban.

38. Go eka gei firani, bo tu tuli, Iesu, nani Tafit, bo rogaisaou.

39. Go toane ruka to bea bano, ruka fanous, ega bunutan: me nai eka mero gei fioso bikwila kasu, nani Tafit ba rogaisaou.

40. Go Iesu eka loutu, bo fisuakiis ruga belakia baki niraiena: go nai e malitigaisu, eka foususias,

41. Bo tu tuli, ku marakaraka insefa aga manago batai? Go eka tuli, Nawot, tago mo leo.

42. Go Iesu eka tikinias, Ba leo: naseralesokoen aginago e bakamouriko.

43. Go eka termou mero leo, go eka rousia, bo tu seralomatua Atua: go nerei ruka lo bakouti bo surosuroki Atua.

XIX.

1. Go *Iesu* eka sili uru Ieriko.

2. Go baleo, kansa ru seki Sakaio, nai eka fi Nawota gi natamole, biletouaki taba, go eka fi sogaleba.

LUKA XIX.

3. Go eka bilaga libi Iesu, nai se ; go eka tiba batiataia mou nafeta natamole, nai teka mwito.

4. Go eka uru baki kobe bo bagki nakas sukomor ega libisia : tega mallua ur nabua wan banamai ban.

5. Go wan eka fanamai baki alia netu, Iesu eka loraki ho libisia, go tuli bakinia, Sakaio, ba meri marafirafii bo sua banamai; wani mais oanaga aga mato nasum aginago.

6. Go eka meri marafirafi bo sua bakitan, go eka wesierkia bo tu maro.

7. Go ruka libisia bo taurnuru bakouti, bo tu tuli. Te sili bano ega bi namanaki gi natamole sigsigleo.

8. Go Sakaio eka loufu, bo tuli baki Nawot, Baleo, Nawot, namagafei kerua gi nasogagu, a tu rekos; go wan aka bisuru tubwa te nata te namatun, a sokaria tuai e bate

9. Go Iesu eka tikinias, Mais oanaga nafaka⁻ mouriena te mera bakilini ki nasuma wanaga, wani uai te mera bi nani Abraam

10. Wani nani natamole e banamai ega bilaga go bakamouri teabuele.

11. Go nara ru bo tu rogi tea mou wanetu eka mera tuli luaki, naleo wane eka malitiga ki Ierusalem, go ruka mitroakinia nameramerana gi Atua e nag ega marafirafi bakilini.

12. Tewanaga aka tuli, Nani Nawot iskei eka faki nafanua mwai, ega wusi nameramerani iskei ega bi aginai, go ega liliu banamai.

13. Go eka so natamole relim iskei aginai, bo tuira mune relim iskei, go tuli bakita, Ko to bati seratrogo ba ba ago banamai.

14. Me natatoko in kiena ruka gareikinia, go tubakilu nafakou ega rousia, bo tu tuli, U tiba mesou toanetu ega merikigami mou.

15. Go eka fakilini, nai teka wusi nameramerana aginai bo liliu banamai, go eka tuli ruga so natamole mou wan banamai, eka tuira mune, tega atai netea nata eka to bati seratrogo bo suai.

16. Go teabe eka fakilini, bo tu tuli, Nawot, mune iskei aginago e batisu mune relim iskei.

17. Go eka tikinias, E kwia, natamole wia: te ku bi lesoko tea skina giki, ba fi Nawota gi natokona relim iskei.

18. Go teakerua eka fanamai bo tu tuli, Nawot, mune iskei aginago e batisu mune lima.

19. Go eka mero tiki toanetu is. Go nago ba fi Nawota gi natokona lima.

20. Go teabota eka fanamai bo tu tuli, Nawot, baleo, mune iskei aginago, aka fati eka en tea kastoru:

21. Wani aka mitoukigo, te ku bi natamole maritakona: ku selalu toane kuka tiba bati ito mou, go ku kili toane kuka tibolouia mou.

22. Go eka tikinias, Ago bisabotaiko nadsan aginago natamole semusemunu. Buka ataiop te bi natamole maritakona, bo tu salalu toane aka tiba bati ito mou, go kili toane aka tiba bati mou.

23. Go e gua naga kuka tiba bati baki nasum in mune mou wusia s us namuolo

24. Go eka tiki toane ruka tu malitigas, ko selalu mune iskei netu kiena, go ko tu atulaki mune relim iskei is.

25. Go ruka tikinias, Nawot e lagki mune relim iskei.

26. Wani a tikimuis, Sera nata e bo tu lagki seratrogo, te rugo tuai; go e bo tu tika ki seratrogo, toane e mero lagkinia, rugo selaluai kiena.

27. Ia walubota babinou mou wan, ruka to tiba marurakaraka aga merakira mou, Ko belakira baki luanaga go ko atugira niraiegu.

28. Go eka tuli te mou wanetu bo bano baki kobe, bo tu saki baki Ierusalem.

29. Go eka fakilini wan eka malitiga ki Betfaki go Betani, baki intafa ru se ki intafa in Olif, eka tubakilu natamol toatai e rua aginai,

30. Bo tuli, Ko finote baki natokon e to kobe; kugo to sili bo bagmouri nani as e lukutia toos, te nata e wo tiba bagkinia mou: Ko ratiluai bo belakia baki loanaga.

31. Go wan te nata e boususimu is, Ku ratiluai insefa? Takane kugo bisa bakinia, Nawot te mesou nawisien aginai.

32. Go toane eka tubakilaira ruka fano, bo bagmouria takane eka tikitas.

33. Me nara ru bo tu ratilu nani as, atulakena ruka tikitas, ku ratilu nani as insefa?

34. Go ruka tuli, Nawot e mesou nawisien aginai.

35. Go ruka selakia bano libi Iesu: go ruka umbwagosi nani as aginara kalikul sunean, be bati Iesu e bagkinia.

36. Go nai e bo tu bano, ruka bukisi kulikul sunean aginara nabua.

37. Go nai e bo tu malitigakisu nahatira ni intafa ni Olif, toua natamole toatai ruka labsa lailai bakouti bo suroswroki Atna seratrogo naskeimielan laba ruka be libisia, nahor e bikwila.

38. Bo tu tuli, Tuga bisakwin ki Nawota— meramera e bo tu banamai nagie Nawot : netomate gi naburou, go namatuan alia elagmou.

39. Go tete nafarisai nafeta natamole ruka tuli bakinia, Natamole fanou, ba fanou tisaibel aginago

40. Go eka fisaterara bo tuli, a tikimu is, nara netu rubi funutau, fatu rubi fiososei.

41. Go wan eka malitiga su eka lo natokona bo tagisia,

42. Bo tu tuli naga, nago rik kubi atai tea gi netomate aginago, aginago naliati wanaga! me e bo bwelu ki nimitama.

43. Naliati te rugo bakilini kigo, go waluatuko rugo netaki baka taliferiako, go rugo e lifikigoriko, go rugo sogosogoniko seralia,

44. Go rugo batiko bakitan, go nanima malebutoma, go rugo tiba turibiai fatu ega enlagi fatu mou malebutoma; e tubwa toane kuka tiba atai mal netu e banamai libisikosa meu.

45. Go eka sili nasuma tab bo brasa kobalu toane ru bo tu sori is, go bo tu bagkot;

46. Bo tu tikitaa, eka mitirie e tu, Nasum aginen ebi nasuma matafusilam: su bwsus ku batia e bi falia gi natamole binako.

47. Go eka en fanou nasuma tab sera naliati: Go nabou natamole toumafa go natamole mitiri go nabou nerei. ruka bilaga batibunuea,

48. Go ruka tiba bagmouri te namatun ruga batia mou; wani nerei ruka nou takitrogo, bo tu rogia.

XX.

1. Go eka fakilini naliati iskei gi teamou wan, ɩ.ɩɩ ᴇ bo tu tafanou nerei nasuma tab, go bo tu trogorogki narogorogoanauia, nabou natamole toumafa go natamole mitiri nura nimariki ruka fanamai,

2. Go fisa bakinia bo tu tuli, Ba tikigami nafinaotana tubalise ku to bati tea mou wanagasa, kite se eka tuoko nafinaotana wanetu?

3. Go eka fisaterara bo tuli, Kinia ago mero boususimu seratrogo iskei; go ko tikinou is:

4. Nababitaisiena gi Ioane, eka bi te in naburou, kite te in natamole?

5. Go ruka tumara bisa bakita, bo tu tuli, Wan tugo tuli, Te in naburou; ego tuli, Tewanaga kuka tiba seralesokosa mou e tubwa insefa?

6. Go wan tugo tuli, Te in natamole; nerei rugo mou netigita ki fatu: wani ru seralesokosa Ioane te bi brofet.

7. Go ruka fisaterara te ruka tiba tuliatai alia e baasa mou.

8. Go Iesu eka tikitas, kinu a mero tiba tikimu nafinaotana tubalise a bati tea mou wanagasa mou.

9. Go eka faasa tuli luaki wa...... ..... norei; natamole iskei eka lou atalim... .... fe tu nakan atalimate is, go ek.. ... .u.

10. Go mal agana eka tub.... .... ba libi nakan atalimate te ruga tu.... ....ta- limate fain: me nakan atalimat.. .... .tu bo tubwatubwea e bura ban.

11. Go eka mero suaki nafakou kerua: go ruka mero boka toanetu, ruka fati eka maliere, bo tubwatubwea e bura bano.

12. Go eka mero suaki teaketolu; me ruka mero bati toanetu eka bi namanuk bo gobaluai binote:

13. Go atulaki atalimate eka tuli, Ago bati insefa? Ago suaki nanigu trumiena: mesa rugo libisia bo lakolakokinia.

14. Go nakan atalimate ruka libisia bo tumara bisa bakita bo tu tuli, Towanetu e bi atulaken- aitaku: Ko finote tuga atugia, seratrogo e bi atulakenaituku tega bi anigita.

15. Go ruka trosilikinia baki etaku ki atali- mate fain, bo atugia. Tewanaga atulaki atali- mate fain ego batirao ega tubalise?

16. Ego banamai go ego batibunu nakan atali- mate netu, go ego tu natamole bota atalimate fain. Go ruka rogia bo tuli, Ega tik...

17. Me eka libisira bo tuli, Insefa naga e mitiria tu, Fatu mataisou nasuma ruka gared kinia, nai e bakilini bi nabou nawuakin?

18. Sera nata e troa baki fatu wan ego mbora ora; me te nata fatu wan ego troa nata, ego bi tasabsab e takus naran.

19. Go nabou natamole toumafa go natamole mitiri ruka bilaga buberakatia maloan; go ruka mitouki nerei: wani ruka ataia tika tuli luaki wanetu louiras.

20. Go ruka mitiberakatia bo tubakilu tealoulu, ruga bisuru tuli ru bi tealena, te ruga wusiberakati aginai nafisan, ruga bituasa ban nawota ega tonakinia bo bati ega usi naleo nakbona.

21. Go ruka foususias, bo tu tuli, natamole fanou u atai te ku bisa go fanou lena, go ku tiba mitouki nimita natamole mou, me ku biseiki uaiua ni Atua nafilesokoen:

22. E mole tuga tu Kaisar taba kite e tika?

23. Me eka atai berakati namerien sa aginaro, bo tuli bakita, Ku sursuruou insefa?

24. Ko biseikinou mune iskei. Nirai in se, go nagie se e toosa to? Go ruka fisateraia bo tuli, Te in Kaisar.

25. Go eka tikitas, Tewanaga ko tu Kaisar tea gi Kaisar, go ko tu Atua tea gi Atua.

26. Go ruka tiba kasua ruga wisiberakati nafisan aginai mou nirai nerei; go ruka maga nafisateran aginai bo bunutan.

27. Me tete Satukai, toane ru bilulu tuli namerotulenan e tika; ruka foususias,

28. Bo tu tuli, Natamol fanou, Mose eka maginami mitiri, Wan bwalu te nata e mate anagaruni e bo toko, go nai e mate nanina tika, bwaluna tega bitou ri anagaruni go ega magi bwaluna bati naworaworana ega bakilini.

29. Tembwaluta larua ruka to naga; go teafe eka bitouri nagaruni, bo mate nanina tika.

30. Go kerua eka fitouri anugar... nai eka mate nanina tika.

31. Go ketolu eka fitouria: go o ... ta isia tealarua: go ruka mate go ...ra tika.

32. Go nagaruni eka mero ...la inkumo.

33. Tewanaga ego bi nagarun... ...aia namertulenan? Wani ruka larua bitou...

34. Go Iesu eka fisatorara bo tuli, nani emeromina wanaga ru bitouri, go ru sori e lak:

35. Me toane ru kwia ruga bakilini emeromina wan, go namwilu teamate tulenana, ru tiba fitouri kite sori e lak mou:

36. Wani ru tiba mo mateatai mou: wani ru bataka skei me agelo; go ru bi nani Atua bo tu bi nani namertulenan.

37. Me teamate te ru tulena Mose eka mera tulseia *alia in* namileskik, wan e tuli Nawot, Atua gi Abraam, go Atua gi Isaak, go Atua gi Iakobo.

38. Go e tiba bi Atua gi teamate mou, me agi teamouri: wani ru mouri bakouti bakinia.

39. Go tete natamole mitiri ruka fisatura, bo tuli, natamole fanou, ku bisa masoko.

40. Go ruka tiba mo fiare ruga boususia te namstune mou.

41. Go eka tuli bakita, E gua naga ru tuli Kristo te bi nani Tafit?

42. Go Tafit nai e bisa tus ia Sasm, Iofa eka tiki Nawot aginou ia, Ba toatan matnega,

43. Ba ba agai lati walubeta bakigo naga bi tea toena gi natnema.

44. Tewanaga Tafit e se ki Nawot, go e bi nanina tubalise ?

45. Go nerei ru bo tu rogo bakouti, eka tiki natamol toatai aginai is,

46. Ko tumamu loberakatimu ki natamole mitiri ru bo tu marakaraka suwara tea suneana barou go bo tu mesou nafisatafiena namalelu nafagkotoen, go tea sakisakiena feamou nasuma nalotuena, go alia feamou nalioana ;

47. Ru litelu nasogata ki malib, go ru bisuru tafisafisa barou : sog ego luko touira e bikwilakasu.

XXI.

1. Go eka losaki libi sogaleba ru bo tu netaki nafituan baki ilibagoena nasoga.

2. Go eka mero libi malib iskei, reko, e bo tu netaki mune kiki erua bakiis.

3. Go eka tuli, Lesoko a tikimu is, malib, reko netu e netaki tea bikwila *bakiis*, me tealaba *ru netaki* tea kiki :

4. Wani nara laba, nasogata e bikwila go ru netaki tetea ega bi nafituana baki Atua : me nai seratrogo aginai e kiki, e netaki bakouti nasogana.

5. Go tete ru bo tu tuli nasuma tab, te ruka rakei kinia fatu wia go nafituana, eka tuli,

6. Tea mou wanetu ku libisia naliati rugo banamai, fatu ego tiba enlagi fatu isa mou, te rugo tiba batibirisia bakitan mou.

7. Go ruka foususias bo tu tuli, Natamole fanou, tea wou wanaga ego bakilini nagasa? go insefa ego bi nafeifeiena maloan tea mou wanaga e bo bakilini banamai?

8. Go eka tuli, Ko loberakati kuga tiba sasabo mou: wani tealaba rugo banamai nagilgu bo tu tuli, Kinu nai; go mal e baki malitiga; tewanaga ko tiba bano rousira mou.

9. Go wan kugo rogi nafakal go naseriman, ko tiba bwilaki mou: wani tea mou wai e bi tea ega be bakilini; ia me toane e nu is, e tiba marafirafi mou.

10. Male eka tikitas, Inlouna ego tulena bati inlouna, go nameramerana bati nameramerana:

11. Go neruru bikwila rugo to lia laba, go nafitiloa go nimatiensa; go toa namtoukiena laba me nafeifeiena matua rugo bakilini naburou banamai,

12. Me tea mou wanetu e wo tiba bakilini kinu mou, rugo buutimu narura, go rugo batsasanakimu, bo tu bituamu baki nasum inseiseiena ban go nasum inselseliena, bo tu belakimu baki nirai in Nawota-meramera, go Nawot, naleo nagiegu.

13. Me ego bakilini ega bi agumu atulsiena.

14. Tewanaga ko mitroasukisukia nakbomu, kuga tiba be mitroabutuaki nafisateran agabu mou:

15. Wani kinu agu

16. Go tematua *agumu* go nibwalumu, go nakeinaga *agumu*, go natamu, rugo bituamu ban; go rugo batibunu te segamu.

17. Go tealaba rugo garei kimu, nagiegu e bi inlakena.

18. Me nalulu niboumu iskei ego tiba buele mou.

19. Nasukien agumu ko biatulaki natamu is.

20. Go wan kugo libi nabuk laba ru bo tu ilifikigori Ierusalem, male e ko ataia tega milati marafirafi.

21. Male toane ru tu Iutaia ruga sefa baki intafa; go toane ru toko malebutona ruga mwilu bano; go toane ru toko inlouna meroan ruga tiba siliis mou.

22. Nara te ru bi naliati nasokariena, toane e mitiria tu, nalion ega soko bakoutiis.

23. Me e sa baki toane ru bo tu tiena, go toane ru bo tu bitu susu naliate mou wan, wani nafanua ego sa bikwilena kasu, go nemaritouswen ego tou nerei wanaga.

24. Go rugo troa namena lofa, go rugo bi nimanamana baki serinlouna: go inlouna maligo rugo to basi Ierusalem ba ba mal ni inlouna maligo rugo nu.

25. Go nafeifeien rugo tu elu go atulagi go masei; go inlouna rugo sa bo malano nafanua; intas me nabeon e bo tu seruru;

26. Natamole nagmota tururu ki namtakua go naleogoro tea itakuen emeromina; wani tea kasua gi naburou rugo nuanua,

27. Go male rugo libi nani natamole e ne intaiinlagi bo tu banamai naskeimielana o namatuana bikwilena.

28. Go tea mou wai ru bo tu loasa bai ilini ko losaki go bati niboumu bakilag mani selaluk e sa tega netiluamu.

29. Go eka tikita luaki, Ko libi oakaa fik go sera nakas;

30. Wan ru bo sei su, Ku tumamu loatai atulag in sui te malitiga toko.

31. Go kumu takanoanaga, wan ku libi tea mou wai e bakilini, Ko atai nameramerana gi Atua te malitiga to.

32. Lesoko a tikimu is, intago-natamole wanaga ego tiba buele mou, tea mou wai egai be bakilini bakouti.

33. Nabarou go intano rago buele: me nafisan aginou rugo tiba buele mou.

34. Go ko tumamu loberakatimu, nakhomu ebla mitagataga nafamlebana go namati ki namunuenaana, go namitroabutuakiena gi nagmoliena, go naliati wan ebla burogota bakilini kimu.

35. Wani egite nafuagoro ego bakilini ki bakouti nakan seralia ni emeromina ni intano.

36. Tewanaga ko to leo, bo tu firani serali, te kuga wia kuga to mwai ki tea laba mou wane ega itaku bakilini, go kuga tu nirai in Lani natamole.

37. Go aliati eka en fanou nasuma tab; me bog tafe ban bo manaki intafa ru se ki intafa ni Olif.

38. Go nerei ruka bilibog sasa banamai libidia nasuma tab ruga rogia. .. ..,

XXII.

1. Go nalioana gi tea tika ki lefen, ru se ki nafalikouiena eka malitiga.

2 Go nabou natamole toumafa go natamole mitiri ruka bilagas, takanoai ruga atugia be, wani ruka mitouki nerei.

3. Go Satau eka silifi Iuta, ru se ki Iskariote, tenskei agata relim iskei temati rua.

4. Go eka fano bo bisureki baki nabou natamole toumafa ko Nawota nafakalos, takanoai ega belaktoutousa bakita.

5. Go ruka maro, go ruka tikinias ruga tuai mune.

6. Go eka suasua go eka bilaga mal nafeta natamole ru buele is, ega belaktoutousa bakita.

7. Go naliati tea tika ki lefen eka fanamai, e lena ruga atu nafalikouienasa.

8. Go eka tubakilu Betiro go Ioane, bo tu tuli, ko fanou bo manigita merisukisuki nafalikouiena, te tuga fami.

9. Go raka tikinias, Ku mesouna raga merisukisukia luwe?

10. Go eka tikitas, Baleo, wan kumu ku bo tu sili su natokona, natamole iskei ego suamu, e bo tu sela tea san noai; Ko rousia baki nasuma wai ego bano siliis.

11. Go kugo tiki atulaki nasumas, natamole fanou e tikigos, Ebwago namanaki e we, ago bami nafalikouienasa mera natamole toatai aginou?

12. Go nai ego biseikimu ebwago nasum elag, e bikwila, ru meriusia tu: ko merisukisukiis.

LUKA XXII. 97

13. Go raka fanou bo bagmouria takane ekai tikitas : go raka merisukisuki nafalikouiena.

14. Go our ekai bakilini, eka toatau, go abositelo relim iskei temati rua ruka mou.

15. Go eka tikitas aka mesouna bikwila tuga kabe mou bami nafalikouiena wanaga, ago mate ega itaku :

16. Wani a tikimu is, ago tiba mo fami isa mou ba ba nalion egai be sokosa nameramerana gi Atua.

17. Go eka fuuti lasa-mun, eka fisakwiania, bo tuli, ko fuutia, go ko tumamu bwotaia bakimu :

18. Wani a tikimu is, ago tiba mo munu tea gi nua faini mou ba ba nameramerana gi Atua egai be banamai.

19. Go eka fuuti nakoou, eka fitu namitroakwiana bo sukwaia, gi tuiras, bo tu tuli, Toanetu ebi nakwatokogu, a magumu bituasa : ko bati toanetu kuga mitroaberakatiou.

20. Takan iskeimou *eka mero tuira* lasa-mun, nafamiena te be nu, bo tu tuli, Lasa wanetu e bi nafisaleena fao intragu, e magumu toroa.

21. Ia baleo, naru nata e bo tu belaktoutouou e neou toko lia nafamiena.

25. Go eka tikitas, Nawota-meramira gi inlouna kwarakwara ru biatulakira: go ru so toane ru bo tu bi Nawot aginara ki nafamole meriwia.

26. Me kumu kugo tiba takanoanaga mou: ia eb segamu e matua ega kite takarik; go nata e to tu meraki ega kite nata e bo tu silei.

27. Wani towase e skina matua nai e toatan ega fami, kite nai e sukarou? Nai e toatan ega fami. Me kinu a to emalebuto kimu e gite nai e sukarou.

28. Kumu ku to neou toko *mal* nafatitrogoouena.

29. Go kinu a bisaleamu, e gite wan mama aginou eka fisaleou, nameramerana;

30. Te kuga fami go munu aginou lia nafamiena, namerameran aginou, go kuga sakisaki trono meroan bo tu bisabotai nafcrakali relim iskei temati rua ni Israel.

31. Go Nawot eka tuli, Saimon, Saimon, baleo, Satan eka filagamu ega nifibakasakimu e gite wit:

32. Me kinu aka manago tafisafisa, naseralesokoen tega tiba me mou; go wan nago ku meraroasu, ba fati nibwaluma ruga kasua tu.

33. Go eka tikinias, Nawot, a trakarakasu te taga rua baki nasum inselseliena go nimatiena.

34. Go eka tuli, A tikigos, Betero, toa ego tiba tare mou mais oanaga, ba ba kugai be bakatolu lalagoro aginago naatuiouena.

† 35. Go eka tikitas, wan aka tubakiluamu, kuka bura ki nalinmune go bolo go seu kuka bi reko seratrogo kite? Go ruka tuli, Uka tiba bi reko te nimatuna mou.

36. Male eka tikitas, me mal oanaga nata e bo tu lagki nalinmune ega selatia, go bolo ega takusia; go nata e bo tu tiku ki lofa ega sori tea sunean aginai, go ega bagkot lofasa.

37. Wani a tikimu is, Namtiri wanaga e wo bi tea nalion ega sokoouisa, Go ruka bakaskei fea e ne natamole sigsigleo: wani soratrogo anagagu e lagki toane ega nu is.

38. Go ruka tuli, Nawot, baloo, lofa e rua naga. Go eka tuli, E bi tealeba.

39. Go eka tafe bano, e takusi subwina, baki intafa ni Olif; Go natamole toatai aginai ruka mera rousia.

40. Go eka fakisu alia wan, bo tikitas, ko tafisafisa naga kuga tiba sili nasursurueana mou.

41. Go nai eka sifa mwai kita, e gite malifa netien iskei, go eka tubatua, bo tafisafisa.

42. Bo tu tuli, mama wan ba marakaraka ba selalu las wanaga kiegu: ia me namarakarakan aginou ega tiba toko mou, me aginago.

43. Go agelo eka enlina bakinia ba naburou, bo tu bati e kasua.

44. Go eba rogitesa bikwilena kasu toko, bo tafisafisa gasuasa, go toru aginai e gite natturu, intra e bo tu troa baki intano.

45. Go eka tafisafisa ba te mo sulena, eka fanamai bakilini ki natamole toatai aginai bo bagmourira ki te nakbrga kimuna maturu.

46. Go eka

47. Go nai e wo to bisa, baleo, nafeta natamole go toane ru se ki Iuta relim iskei temati rua teagata iskei, eka feakita, go eka faki malitigia ki Iesu ega sumia.

48. Go Iesu eka tikinias, Iuta, ku belaktoutou nani natamole tewanaga ku sumia, na?

49. Go nara ruka to malitiga kinia ruka libi toane e bo bakilini, bo tikinias, Nawot, ugo atura lofa kite?

50. Go teagata iskei eka atu tasila gi nabou natamole toumafa, go masigota intaligena ni matua.

51. Go Iesu eka fisa bo tuli, ko turubisiou aga bati toanaga iskeimou. Go eka meritrogi intaligena bo munutia.

52. Go Iesu eka tuli baki nabou natamole toumafa, go nawota nafakal agi nasuma tab, go tematua, te ru bakilini kinia tok, mesa ku ba raki natamole binako banamai, wani ku bu lofa go nabwe, na?

53. Wani tu mou to nasuma tab sera naliati mou wanaga, go kuka tiba seiki narumu bakinou mou: ia wanaga ebi agumu mal go nakasuana gi nimaligo.

54. Go ruka fuutia bo belakia bano, go ruka belakia baki nasuma gi nabou natamole toumafa. Go Betero eka rousia mato mwai.

55. Go nara ruka to fisakoui nakabu e soro alia nakabu nimeta nasuma, go ruka nou toatan to, Betero eka toatan emalebuto kira.

56. Me nagaruikik iskei eka libisia e bo toatan tilei nakabu go eka sikomou is bo tuli, Go nai wanetu raka rua toko.

57. Me eka lalagoros bo tu tuli, Kuruni, a tiba ataia mou.

58. Eka tokorik go teabota eka libisia bo tuli, Go nago ku bi teagata. Me Betero eka tuli, Kanoa a tiba bi teagata mou.

59. Go our iskei eka mo nu, teabota iskei eka fisagasuasa bo tu tli, Lesoko kanoa netu eka mera nea toko: wani e bi kano in Kalilai.

60. Me Betero eka tuli, Kanoa, a tiba atai toane ku tulia mou. Go marafirafi nai te wo to bisa, toa eka tare.

61. Go Nawot meraroa bo sikomou Betero· Go Betero eka mitroaberakati nafisiana gi Nawot, eka tikinias, Toa ego tiba tare mou ba ba kugai be bakatolu lalagoroou.

62. Go Betero eka tafe baki ekatema, bo tagi bikwila kasu.

63. Go nara natamole ruka to buuti Iesu, ruka fukaru kinia bo tu bokatia.

64. Go ruka leigori nimitena bo robagi niraiena, go ruka foususias bo tu tuli, Ba fi brofet tulsai nata wane eka tobagiko.

65. Go ruka to bisasasagikinia, tuli laba.

66. Go wan aka nahou, natamole

67. Mesa nago ku bi Kristo? Ba tikigami is. Go eka tikitas, Abi tikimu is kubi tiba seralesoko mou:

68. Go abi mero boususimu kubi tiba bisateraou kite turubisiou aga fano mou.

69. Selaitaku nani natamole ego toko matuina ni Atua skina miel.

70. Go ruka bisa bakouti, Tewanaga nago ku bi nani Atua? Go eka fisa bakita *bo tuli*, Kumu ka tulia, kinu wai wanaga.

71. Go ruka bisa, E kwia ki insefa nata ega mo tulseia bakiigita? Wani tu tumagita rogoluai nasin.

XXIII.

1. Go nara ftealaba ruka tulena bakouti, bo belaki bano libi Bilato.

2. Go ruka faasa tubwaia, bo tu tuli, Uka fagmouri toanetu e bo tu linaki nafarua e banabota, go ebo tu tubwagori ruga tu Kaisar taba, bo tu tumana tulia te bi Kristo Nawota-meramera iakei.

3. Go Bilato eka foususias bo tu tuli, Nago ku bi Nawota-meramera gi nakan Iutaia? Go eka fisateraia bo tuli, Nago ku tulia.

4. Go Bilato eka tuli baki nabou natamole toumafa go nafeta natamole, A tiba bagmouri te nameriensa natamole netu mou.

5. Go ruka maietos bo tu tuli, E bati nerei ru serima bo tu fanou useriki Iutaia, eka fe Kalilel banamai baki naga.

6. Go Bilato eka rogi Kalilai bo boususiis, natamol netu e bi Kano in Kalilai kite.

7. Go eka alaiberakatia te bi tea ni aha wano Erot e meramerasa, bo suakinia ban libi Erot, nai e mera bo tu toko Ierusalem maloan.

8. Go Erot eka libi Iesu bo marosa e bikwila; wani teatue eka mesouna ega libisia, eka rogia tea laba e bi inlakena: go eka lorakinia ega libi te nawisien nafeifeien iskei aginai.

9. Go nafisana laba eka foususias; me nai eka tiba bisateraia te namatuna mou.

10. Go nabou natamole toumafa go natamole mitiri ruka loutu, bo tu tubwaia bikwilena kasu.

11. Go Erot mera natamole nafakal aginai ruka serateamole is, go ruka fukaru kinia, go ruka suagoria tea suneana girigiri, bo mo suakinia ban libi Bilato.

12. Go Bilato go Erct raka mo tumara bi tara naliati wan: wani ruka be tumara bubosakita.

13. Go Bilato eka soguruki nabou natamole toumafa, go Nawot, go nerei,

14. Bo tuli bakita, Ku belaki natamole netu banamai libisiou, e gite e bo tu linaki nerei ru banabota; go baleo, kinu eka foususisa niraiemu, bo tiba bagmouri te namatun sa natamole netu mou, ku to tubwaisa:

15. Go Erot e tiba bagmouri mou: wani aka suakimu ban libisia; go baleo, e tiba batia e tubwa tea nimatiena mou.

16. Tewanaga ago baratia bo turibisia ega fano,

17. Subwiu e manara turubisi teaskei ega fano mal nalioana.

18. Go ruka bakaskei bioso bakouti, bo tu tuli, Ba meri toanetu, me ba maginami turubisi Barabas ega fano :

19. Wanai ruka sokokinia baki nasum inselseliena, naseriman iskei eka fakilini natokona go naatunibouena raka, bi inlakena.

20. Tewanaga Bilato e bo tu marakaraka turubisi Iesu ega fano, eka mo bioso bakita.

21. Me ruka fioso bo tu tuli, Ba turbunu, ba turbunuea.

22. Go sela kitolu eka tuli bakita, Teka fati insela sa? a tiba bagmouri te inlake nimatienasa mou : tewanaga ago baratia bo turubisia ega fano.

23. Go ruka maieto bioso kasua bo tu fitago tega mate tea turbunu. Go naliora go nalio nabou natamole toumafa eka merimatua.

24. Go Bilato eka tonakinia ega takus nafitagoen aginara.

25. Go eka manara turubisi nata wan ruka fitagos ega fano, eka to su nasum inselseliena e tubwa naseriman go naatunibouena ; me eka fitu Iesu baki namarakarakan aginara.

26. Go wan ruka to belakia binote, ruka buherakati Saimon Kano in Kurene e be tu banamai ba namiles, bo turubisi tea turbunu is ega selatia rousi Iesu.

27. Go tona nerei e bikwila, go nagaruni ruka rousia go ruka tagi bo tagisia.

28. Me Iesu eka meraroa bakita bo tuli, Kumu nagaruni ni Ierusalem ko tiba tagision mou, ia ko tumamu tagisimu go ko tagisi nanimu.

29. Wani baleo, naliati rugo banamai rugo tuli is, Tearuma ru maro, go nakweli wane te totou e tiba bakilinasa mou, go susu te totou e tiba susu is a mou.

30. Male rugo baasa tuli baki intafa, ko sukigorigami; go baki tefalu, ku tunigorigami.

31. Wan ru bati nakasu meta ki tea mou wane, rugo mero bati nakasu maritou ki insefa?

32. Go namera rua bota, natamole merisa, ruka belakbilseikita me nai bano ruga batibunuira.

33. Go wan ruka fakilini ki alia ru se ki alianakofen, ruka turbunueasa go natamole merisa ra trua, teaskei matuina go teakerua mourina.

34. Go Iesu eka tuli, Mama, ba manara batilu; wani ru tiba atai toane ru to batia mou. Go ruka bwota kulikul sunean aginai, bo netaki watasa.

35. Go nerei ruka loutu bo tu libisia, go nara mera Nawot ruka fukaru kinia, bo tu tuli, Eka muti teabota, ega tumana mutia, wan nai e bi Kristo tea mitiluana gi Atua.

36. Go natamole nafakal ruka mera fukaru kinia, bo tu baki malitiga, go bo tu seiki finekar bakinia,

37. Go bo tu tuli, Wan nago ku bi nawotameramera gi nakan Iutaia, bu tumamu mutiko.

38. Go tus iskei eka lou leanoa, ruka mitiu toanagas, faka-Krisia, go faka-Roma, gi Iutaia, NAI WANAGA MERAMERA GI

39.

40. Go teakerua eka fisateraia bo fanous, bo tu tuli, nago ku mera tiba mitouki Atua mou, kite? Wani ruka tubwagotifiko ku mate e takusia.

41. Go e lena bakiigita, Wani ru batiigita e tubwa namerien anigita: me nai wanetu eka tiba bati te namatun sa mou.

42. Go eka tiki Iesu is, Nawot, ba mitroaberakatiou, wan ku bakisu inlouna aginago.

43. Go Iesu eka tikinias, Lesoko a tikigos, mais ounaga taga rua to Barateisa to.

44. Go eka lagora bi our kelatesa, go nimaligo eka to useriki bakouti intano bauo bamou our kelifiti.

45. Go elu eka maligo, go tuluki in nasuma tab eka maora malebuto.

46. Go Iesu eka fioso ki leo bikwila bo tuli, Mama a bitu nimarugu baki naruma: eka tuli toane ba e nu, go namaron e sifa.

47. Go nawota nafakal eka libi toanetu, bo seralomatua bo tuli, Lesoko natamole netu eka lena.

48. Go tona natamole laba ruka mou seisei ruga libi toanaga, ruka libi tea mou wane e bakilini. ruka to robagi narumara, bo liliu bano.

49. Go nataua laba go nagaruni te ruka mou rousia ba Kalilai banamai, ruka loutu mwai ruga libi tea mou wane.

50. Go baleo, banoa nagiena Iosef, natamole fisabota iskei; Kanoa wia go lena:

51. Nai eka tiba suasua naliora go nameriena aginara mou; e bi tea ni Arimataia natokona gi

nakan Iutaia: go nai netu eka mera toraki namerameraua gi Atua.

52. Nai eka fanamai libi Bilato bo tagofia nakwatoko Iesu.

53. Go eka fuutia bakitan bo leigoria kulikul batikik, go eka turubisia nimatigo, moru-fatu, te nata eka tiba be entanosa mou.

54. Go eka bi naliati namerisukisukiena, go Sabbat eka malitiga.

55. Go nagaruni wan meroan nara me nai ruka mou ba Kalilai, ruka rousia bo libi nimatigo go takanoai nakwatokon eka entanosa.

56. Go ruka liliu bo merisukisuki tea nabowia go tea lofi nabowia; go ruka marmar Sabbat e takus nafanouena.

XXIV.

1. Go naliati bea gi wik, bilibogsasa, ruka sela tea nabowia rukai merisukisukia bo banamai baki nimatigo, go tearafalu ruka mou banamai.

2. Go ruga fagmouri fatu e maliilu ba matoko.

3. Go ruka sili bano bo tiba bagmouri nakwatoko Iesu Nawot mou.

4. Go eka fakilini, nam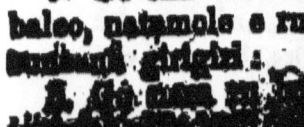
balso, natamole e rua

6. E tiba to naga mou me e tulenasu: Ko mitroaberati takane eka bisa bakimu wan eka mato Kalilai,

7. Bo tu tuli, Te bi tea ega bakilini, ruga bitu nani natamole ban baki naru natamole sigsigleo, go ruga turbunuea, go naliati kitolu ega mero tulena.

8. Go ruka mitroaberakati nafisan aginai.

9. Go ruka liliu ba nimatigo, bo trogorogki tea laba wanaga baki relim iskei temati iskei, go baki tealaba meroan.

10. Mere Maktalene, go Ioana, go Mere *bwile* ni Iakob, go teameroan ruka mou toko, ruka tiki abositelo tea mou wanaga.

11. Go nafisan aginara eka takus narogorogoana mole nimitera, go ruka tiba serales)kora mou.

12. Me Betero eka tulena bo uru baki nimatigo; go eka gusu bo libi kulikul e en molo en, go eka fano, bo seramakota toanaga to emalebutona.

13. Go baleo, teagata ra trua raka fano naliati wan baki te natokona kiki, nagiena Emmau, e bi mwai ki Ierusalem mail e larua.

14. Go nara raka to tumara bisureki bakita tuli tea laba ne e bakilinisu.

15. Go eka fakilini nara te ra to bisureki, go foususiis, Iesu eka tumana baki malitiga go ruka to mou bano.

16. Go nimitera ruka banabota ruga tiba ataia mou.

17. Go eka tuli bakita, narogorogoana kua ko ro en bisurekinia, wani ko ro to bano milesuisa toko?

18. Go teagana iskei, nagiena Kleoba, eka fisateraia bo tuli, Mesa nago ku skeimou oanaki Ierusalem bo tiba atai tea mou wane e to bakilinisu mal oanaga mou?

19. Go eka tikitas, Tea kua? Go raka tikiuins, Tea gi Iesu in Nasaret nai eka bi brofeta skina miel nawisiena go nafisan, nirai ni Atua go uerei laba:

20. Go takane nabou natamole toumafa go Nawot aginami ruka fituasa bano ruga tubwagotefia, go ruka turbunuea.

21. Go kinami uka fafatuis nai te bi *nata* wai ego mallua netilu Israel: tea wai wanaga toko, go mais oanaga e bi naliati ketolu agana ruka fatibakoutisu tea mou wane.

22. Go tete nagaruni aginami rafalu ruka mera serabirikigamiis, ruka biliboy-sasa baki nimatigo;

23. Go ruka tiba bagmouri nakuatokona mou, bo banamai, bo tu tuli, te ruka mera libi agelo ra trua raka fakilini kita bo tu tulia Nai te moli to.

24. Go teaggami rafalu u mou toko ruka taki nimatigo, go ruka fagmouria e gite toane nagaruni ruka mero tulia: me ruka tiba libiaia mou.

25. Me nai eka tuli bakita, Bobotika go emalebutomu e meliki kuga seralesoko oakouti toane brofeta ruka tulsuea:

26. Eka tiba bi tea ega bakilini mou, Kristo tega rogitesa tea mou wana, go tega di aginai namatuana kite?

27. Go eka faaa tikibotaina serafegu ruka mitiria s to tna lai.

28. Go ruka faki malitiga ki natokona kiki ruka to bakiis; go nai eka fati egite ega mato binote.

29. Go ruka merisogiis, bo tu tuli, Tuga tolu toko: te bi gotafanu go elu te ba liko matou. Go eka sili neira to.

30. Go eka fakilini ruka mou toatan ruga fami, go eka sela nakoou bo bisakwiania, go eka sukwaia bo tuira.

31. Go nimitera ruka misei, go ruka ataia; go nai eka mero buele kita.

32. Go raka tumara tikitas, Nakbogami eka tiba to sor nakwilougami mou kite, wan eka bisa bakigami nabua, go wan eka maginami tulibotai tusi?

33. Go raka tulena our wana, bo liliu baki Ierusalem, go raka fagmouri relim iskei temati iskei ruka seisei en mera nara wane ru mou toko,

34. Bo tu tuli, Nawot te tulenasu lesoko, go eka fakilini ki Saimon.

35. Go nara raka tulsei toano *e bakilini kita* nabua, go takane raka ataia nasukwa nakoou en,

36. Me nara te ru en tuli tea mou wane lesu eka tumana loutu emalebuto kita, go e tikitas, netomate ega bi agumu.

37. Go ruka bwilaki me mitaku toko, bo naga su libi nimaruna iskei.

38. Go eka tikitas ku malano insefa? go bobomitroakisera e bakilini emalebutomu e tubwa insefa?

39. Ko libi narugu go natuogu, Kinn wai lesoko wanaga: Ko meritrogiou go ko libisi;

nimarum te tiba lagki nabwakas go nafatu e gite toane ku libisiou a bo tu lag kinia mou.

40. Go eka tuli toane bo biseikita naruna go natuona.

41. Go nara te ru wo tiba seralesoko mou namaroen e bi inlakena, go ru bo tu maga, eka tikitas, Ku lagki tea famiena naga kite?

42. Go ruka tuai namitela neika fen iskei go tete uni e to lasana.

43. Go eka selatia bo bamia niraiera.

44. Go eka tikitas, Nafisan mou wanaga aka to tikimu is wan tuka mou toko, tea laba ruka mitiria e to tusi nafanouena gi Mose, go tusi gi nabrofeta, go tusi in Saam anagagu, te bi tea ega bakilini, nalion ege soko bakoutiisa.

45. Male eka fati nakbora e misei is ruga mitroatai tusi,

46. Go eka tikitas, Takane ruka mitirisuea e tok, go takane eka bi tea ega bakilini, Kristo ega rogitesa, go ega mwilu teamate motulena naliati ketolu:

47. Go ruga trogorogki nasubofac na go nafatilu nasigsigleoenana naleo nagiena baki serinlouna mouanaga, te be ba Ierusalem.

48. Go kumu ki bi natamole tulsei agi tea mou wane.

49. Go baleo, a tubakilu toane mama eka fisalees ega to mu: me kumu ko mato natokon ini Ierusalem ba ba ku su nakasuan ini elag.

50. Go eka felakiluira bano baki Betani, go eka ske naruna bo bisakwiakita.

THE GOSPEL ACCORDING TO

LUKE,

TRANSLATED INTO THE LANGUAGE OF

EFATE, NEW HEBRIDES,

BY THE MISSIONARY RESIDENT AT HAVANNAH
HARBOUR, EFATE.

A.D. 1877.

SYDNEY:
F. CUNNINGHAME AND CO., PRINTERS,
146 PITT STREET.

Tus narogorogoanauia

ki

Iesu Kristo,

Nawota nagmolien anigita.

Luka eka mitiria.

LUKA.

NIMETNAFISAN I.

1. Tealaba te ruka fagmai merisukisuki narogorogoana gi seratrogo laba te bi lesokn berakati bakiigita,

2. Tebeloana, nara ruka ba selafe libisia namitera bo bi tasila gi nafisan, ruka trogorogkinis bakiigita;

3. Tewanaga e mo kwia kinou, taka ba selafea uai berakati bakoutia, aga manago mitiria ega lena Teofile nawot,

4. Kuga ataisuki nafilesokoena gi nafisana mouana ruka tikiataikosa.

5. ¶ MALOANA, Erote eka meramera Iutaiasa, natamole toumafa iskei eka toko, nagiena Sakaria, nakeinaga ni Abia: go anagaruni nani Aron iskei, nagiena Elisabet.

6. Go raka rua lena nirai ni Atua bo to usi bakouti nafisuakien go natonakiena gi Nawota, raka tiba merisa mou.

7. Go nanira eka tika, Elisabet teka ruma, go intoura eka laba

8. Go eka fakilini, nai teka to wisiwis nawisiena gi natamole toumafa nirai ni Atua nalio ni aginai nakeinaga,

9. E takuai suburi natamole toumafa eka fi te aginai ega aili nasuma gi Nawota bo tubwaraki teanabowia.

10. Go nerei laba ruka to bakouti ekatema mal na tubwaraki teanabowiana.
11. Go agelo gi Nawot eka fakilini kinia bo tu matuena ni fate ini teanabowia.
12. Go Sakaria eka libiaia bo tururuia go namtakuen eka fakilini kinia.
13. Go agelo eka fisabakinia, *bo tuli*, Ba tiba mitaku mou, Sakaria: teka rogi nafiran aginago; go amagaruni Elisabet ego manago biselaki totou nanoi, go bo so nagiena ki Ioane.
14. Go nago kugo maro bo lailai; go tealaba rugo lailai nafakilinien aginai.
15. Tego matua nirai Nawot, go ego tiba mun wain go namunuen kasua mou; go ego bura ki Nimaruna Tab ba nakwela ni bwilena.
16. Go ago bati tealaba gi nani Israel rugo meraroa baki Nawot Atua aginara.
17. Go ego ben kinia bobo ni Elaia go nakasuan aginai, ega bati nakbo tematua ega meraroa baki totou, go natamole sigwigleo namitamatuan gi natamole lena; ega merisukisuki nerei ruga toraki Nawot.
18. Go Sakaria eka fisabaki agelo, *bo tuli*, Ago atai toanaga inaefa? tabi nimarik, go agagaruni intouna laba.
19. Go agelo eka fisaternia bo tuli, Kinu a bi Kabriel, a tu nirai ni Atua; go eka tubwakiluon ega tuli narogorogoanaui wanagu bakigo.
20. Go, baleo, kugai bunutana bo biso saraŭ baki naliati wan seratrogo monanaga ego bakilinasa, kuka tiba soralesoko nafiman aginou mou e bi inlaken, nalion ego sokos mal agana.

21. Go nerei ruka toraki Sakaria, ruka maga natokasuen aginai asuma tab.
22. Go eka faki ekatema bo biso saraŭ bakita: go ruka ataia teka libi teafakilini nasuma tab; teka tu tasuki bakita, eka ŭ busa tu.
23. Go eka fakilini noubwe nawisien aginai ekai nu, go eka faki nasum aginai bano.
24. Naliati mounanaga rukai nu, go Elisabet amagaruni eka tiena, go eka tumana tasurikinian atulagi lima, bo tuli,
25. Takanoanaga Nawot eka maginou batia naliati eka lobakinou ega selalu toane natamol ruka futuliousa.
26. Go atulagi kelatesa Atua eka tubwakilu agelo, Kabriel, ega faki natokon ini Kalilai, nagiena Nasaret.
27. Ega fa libi mitaona, anuwota nawiena Iosef, nakeinaga gi Tafit; go nagie mitaona Mere.
28. Go agelo eka aili banamai libiaia bo tuli, Ba maro, E trutrumiko, Nawot e noko toko: e bisakwiakigo seranagaruni.
29. Go eka libiaia bo tururu nafisan aginai, go eka mitroasera nafiastafiena neitu e naga ega kua.
30. Go agelo eka tikinias, Ba tiba mitaku mou, Mere: te ku bagmouri insouwiana ki Atua.
31. Go, baleo, kugo tiena bo biselaki totou nanoi, go bo so nagiena ki IESU.
32. Nai ego matua go rugo seki Nani nataakinabakilag, go Nawot Atua ego tuai trono gi Tafit anafa;

33. Go ego meraki nakeinaga gi Iakob baki serali ; go nameramerau aginai ego tiba nu mou.
34. Go Mere eka fisabaki agelo, bo tuli, Toanaga ego tubaliae ? ta tiba atai te nanoi mou.
35. Go agelo ika finsterain bo tuli, Nimaruna Tab ego banamai matoeko, go nakasuana gi Nataakinabakilag ego melugoriko : tewanaga Teatab kugo biselakinia rugo mero seki Nani Atua.
36. Go, baleo, Elisabet intama e bi fiteriki bo tiepa ki totou : go atulagi wanetou e bi kelatoea aginai ruka seas e ruma tu.
37. Atua te tiba bataarafi te namatuna mou.
38. Go Mere eka tuli, Baleo, nagaruni gi Nawot ; ega fakilini kinou ega takusi nafisan aginago. Go agelo eka mwilu tua kinia bano.
39. Go Mere eka tulena maloen bo ban marafirafi baki alia intafa, baki natokona iskei ni Iuta ;
40. Go eka sili nasuma gi Sakaria bo bisatafi Elisabet.
41. Go eka fakilini, Elisabet teka rogi nafisatafiena gi Mere go totou eka soka nakwelinasa ; go Elisabet eka fura ki Nimaruna Tab :
42. Go eka fioso naliona kwila, bo tuli, Eka fisakwiakigo seranagaruni, go eka fisakwiaki nua nakwelima.
43. Go toanaga e maginou ba se banamai, bwile Nawot aginou te banamai libisiou ?
44. Baleo, wan nalio nafisatafien aginago eka eili intaligagu, totou eka soka nalailaien nakweligu.
45. Go nai taka seralesoko e maro : tealaba Nawot eka tukinias, naliou ego sokoa.

46. Go Mere eka tuli, Nakbogu e seralomatua Nawot,
47. Go Nimarugu e lailai Atua Natemutiou.
48. Teka mitroaki nagaruni atara aginai te tika ki seratrogo : baleo, ba maloanaga serintagonatamole te rugo soou ki a maro.
49. Nai te akinamiel teka maginou bati seratrogo matua, go nagien o tab.
50. Go e rogaisa toane ru mitoukinia serintagonatamole
51. Narun e merigasua ; e sabiriki natamole merimitaga namitroena gi nakbora.
52. E busiliki nawota ki trono, go e busaki natamole molo.
53. E bakafuka ki natamole bitelo ki teawia ; go e tubwatubwa sogaleba ru bura bat o.
54. E bakamarmaro Israel nikarikik aginai bo mitroaberakati natrumien ;
55. Tebeloan eka fisabaki temagita, baki Abraam go naworaworana serali.
56. Go Mere eka nea mato, mesa atulagi tolu, bo liliu baki sum aginai.
57. Go Mere eka nea mato, mesa atulagi tolu, bo liliu baki sum aginai.
57. Go mel nafiselena gi Elisabet eka fakilini ; go eka fiselaki totou nanoi.
58. Go intana go nakan kiena ruka rogi takanoai Nawot eka trumia bikwila ; go nara me nai ruka mou maro.
59. Go eka fakilini naliati kelatolu te ruka fanamai ruga tafe totou : go ruka seki nagie anafa Sakaria.
60. Go bwilena eka finaterara bo tuli, E tika ; me loane ego bi nagiena.

61. Go ruka tikinisa, Te intama e tibu selangiena wañega mou.
62. Go ruka tasuki baki anafa, insefa e masouna ega bi nagiena.
63. Go eka fitago nabata namtirien bo mitiriasa, Nagiena Ioane. Go ruka nou magsa.
64. Go nagulina eka bamaoto marafirafi, go namenana *eka sóia*, go eka fisa bo bisakwia ki Atua.
65. Go namtakuen eka fakilini ki bakouti nakan kieta taliferi : go ruka trogorogki seratrogo mousnaga useriki bakouti worintafa ni Iutaia.
66. Go tealaba te ruka to rogia, ruka fatiita nakbora bo tuli, Totou wansaga ega bati ega tubalise? go naru Nawot eka nea toko.
67. Go Sakaria anafa eka fura ki Nimaruna Tab go eka fi brofeta bisa bo tuli.
68. Tuga bisakwia ki Nawot Atua gi Israel ; te banamai libi nerei aginai bo netiluira,
69. Bo manigita ake nabati namutiena tulena nasuma gi Tafit karikiki aginai ;
70. Tebeloana eka ba selafea tulia nagoli nabrofeta tabu aginai :
71. Tega mutiigita ki waluatugita, go ki naru tealaba oane ru bubomukiigita ;
72. Ega bati natrumiena baki temagita, go ega mitroaberakati nañsaleen tabu aginai ;
73. Nañsan naskemouens eka akemouis baki Abrsam temagita,
74. Tega fuluigita ki naru waluatugita bo tuigitas tuga tika ki namtakuena ailsia,

75. Ki bobomwaru go ki namarilenana niraiena sera naliati agi namourien aoigita.
76. Go nago totou rugo aoko ki brofeta gi Nata-akina-bakilag : te kugo fea ki nirai Nawot bo merisnkisuki nabua aginai ;
77. Kuga fisaiki aginai nerei nabua namutien, te batilu nasigsigleoen aginara,
78. Natrumiena matua gi Atua anigita e bi imlakena ; namirama ini elag e aliatibisaki-igitasa,
79. Ega miramani toane ru to nimaligo go melu nimatiena, ega belaki natuogita baki nabua netomste.
80. Go toton eka to labaleba go eka kasna nimaruna, go eka to lia milati baki naliati wan eka fakilini ki Israelia.

LUKA II.

1. Go eka fakilini maloan Kaisar Aukuaito eka tonakinia ruga mitiri bakouti sernifsnus mousnaga.
2. Go namtirien waneru eka bo fakilini, Kurinio e bo bi Nawot ini Siria.
3. Go ruka fano bakonti ruga mitirira, sersaetamole baki natokona berakatioa.
4. Go Iosef eka mera ba Kalilaia, mwilu natokon ini Nasaret, baki Iutaia, baki natokona gi Tafit.
5. Ruga mitiria mera Mere anaguruni, e bo tiena.
6. Go eka fakilini nara te ru mato luwana, naliati nañaelaa aginai eka fakilini.

7. Go eka biselaki nanina takaleb, go eka fifiaia kulikul, go eka lisia eka entano siloa ni oe: aginara alia teka tika nasuma.

8. Go natamole leogor siib ruka tu nifanua wan, ruka tu nabega bo to loberakati siib aginara naloon ini bog.

9. Go baleo, agelo gi Nawot eka fakilini kita, go namatuana gi Nawot eka miramanire, go ruka mitaku namtakuena kwila.

10. Go agelo eka tikitas, Ko tiba mitaku mou; wani, baleo, a banamai trogorogki narogorogoanauia, bakimu kuga maros ega bikwila, go seracerei.

11. Wani maie oanaga Natemuti e magumu bakilini natokona gi Tafit, nai e bi Kristo Nawot.

12. Go toanaga ego magumu bi nafeifeien; kugo bagmouri totou ru fifiaia kulikul e entano siloa ni oe.

13. Go marafirafi nakan naburou, manu, ruka fakilini nara me agelo ruka mou toko bo tu semani Atua, bo tuli.

14. Namatuan e bi agi Atua alia elagmou, go netemate e to intano, bobowia ki natamole.

15. Go eka fakilini, wan agelo ruka mwilu tua kira baki naburou ban, natamole leogor siib ruka tumara tikitas, Tugai bano baki Betleem bo libi toane e bakilini, Nawot e tikiataigitas.

16. Go ruka moutoro banamai go ruka fagmouri Mere me Iosef, go totou e bo entano siloa ni oe.

17. Go ruka libiaia bo trogorogki seratrogo eka tikitas naleo totou wanetu.

18. Go tealaba wai ruka rogia ruka maga toane natamole leogor siib ruka tikitas.

19. Go Mere eka bai seratrogo mouanetu bo mitroasukia nakbona.

20. Go natamole leogor siib ruka lilin bo tu seralomatna Atua bo tu semania seratrogo laba ruka rogia go libiaia tebeloai eka tikitas.

Go naliati latolu e nu, ruga tefe totou ia, go ruka so nagiena ki IESU, agelo eka seas te wo tiba to nasumankanoa mou.

22. Go naliatia gi nabagaranuen aginara, e takusi nafanouena gi Mose, e nu, go ruka felakia baki Ierusalem ruga batia ega to n rai Nawot;

23. Tebeloai ruka mitiria nafanouena gi Nawot, Ruga so sertakaleb ki te e tabu ki Nawot;

24. Go ruga bitu intoumafan e takusi toane ruka tulis nafanouena gi Nawot, Taroa rua kite kafine fusafusa rua.

25. Go, baleo, natamole iekei eka maio Ierusalem, nagiena Simeon, go nai wanetu natamole lena go e mitouki Atua, bo toraki nafukaliena gi Israel: go Nimaruna Tab ika matooa.

26. Go Nimaruna Tab eka fiseikiniaa egai tiba libi nimationa mou ba ba egai bo libi Kristo gi Nawot.

27. Go eka fanamei Nimaruna baki nasuma tab: go tematua raka to belaki totou, Iesu, baki imrou, raga manai bati e takusi aubwi nafanouena.

28. Go nai eka selatia naruna, eka fimakwia ki Atua, bo tuli.

29. Nawot, ku bo turubisi tasil aginago ega usi netomale bano, e takusi nañaan aginago:
30. Wasi namitagu te libi namution aginago.
31. Toane ku merisukisukis mirai seranerei;
32. Namirama ega miramabisaki serinlounabota, go namatuana gi aginago nerei Israel.
33. Go Iosef me bwilena raka to mage seratrogo eka tulisan.
34. Go Simeon eka flaskwis kita, go ika flsa baki Mere bwilena bo tuh, Baleo, wanetu e an tealaba Israel ruga troasa bo mo tulenasa, go ega bi tea nafeifeien ruga tulsakinia;
35. (Go lofa ego mero lousei aginago nakbona), namitroana gi bobo laba tegai enlin.
36. Go Ana brofeta nagaruni, naui Fanuel, nimiterou ni Aser: intouna eka labakasu, nai me anuwota rakai rua toko intou larua, agiuai nañunataran te be nu ;
37. Go nai malib mesa intoune relima latolu tomati bata, eka tiba mwilu nasuma tab mou, eka to silei Atua ki nebaliena go natafisafisana bog go alisti.
38. Go nai eka sili banamai our iskeimou wan bo mo surosuroki Nawot, go eka bisas baki tealaba wai ru bo toraki sunetiluana Ierusalem.
39. Go rukai bati bakouti seratrogo e takusi nafanouena gi Nawot, bo liliu baki Kalilai, baki natokon aginara Nasaret.
40. Go karikik eka to lebaleba, go eka kasus nimaruna bo burs ni namitamatuana ; go insouwians gi Atua eka matone.

41. Go tematus aginai raka to baki Ierusalem serintos nalioana gi nafalikouiena.
42. Go intouna rukai relim iskoi temati rua, go ruka saki baki Ierusalem e takus subwi nalioana.
43. Naliati rukai nu, go raka to liliu, Iesu Karikik eka mato Ierusalem ; go Iosef me bwilena raka tiba ataia mou.
44. Raka mitroakinia nai me tealaba le ru mou usi nabua, bo bano nabua naliati iskei ; go ruka bilagas intara go natamole aginara,
45. Go ruka tiba fagmouria mou bo liliu baki Ierusalem bo tu bilagas.
46. Go eka fakilini naliati tolu e nu, go ruka fagmouria nasuma tab, e bo toko emalebuto ki natamole fiseiki, e bo rogirs bo me bousuusiers seratrogo.
47. Go natamole laba te ru bo tu rogia ruka seramakoto namitroataiena go nañasteran aginai.
48. Go ruka libiaia bo serabiriia, go bwilena eka tikinias, Totou, iguanaga ku batigami tabeloanetu ? baleo, kinai ni mere mafa raka to bilagako bo rogiteaasa.
49. Go eka flsa bakita bo tuli, Insefa ku to bilagaous? ku tiba ataia mou te bi aginou aga gono ki sernalio gi mama kite ?
50. Go nara rakai tiba mitroaisi nañaan e tikitas mou.
51. Go nai me nara ruka mou sua ban bo banamai baki Nasaret, go eka to rogi naleors : go bwilena eka to mitrousuki bakouti seratrogo mousanga nakbona.

52. Go Iesu eka to lebaleba namitamatuana go nahwatokona go nasouwiana gi Atua go natamole.

III.

1. Intou relim iakei temati kelima gi namera-merana gi Tiberio Kaisar, Bontio Bilato e bo bi nawota gi Iutaia, go Erota e bo bi nawota ini Kalilaia, go Filibo bwaluna e bo tu bi nawot ini Ituraia go nifanua Trakoniti, go Lusanio e bo tu bi nawota ni Abilene.

2. Ana go Kaiafa ra bo tu bi nabou natamole toumafa, nafisana gi Atua eka fakilini ki Ioane nani Sakaria lia milati.

3. Go eka fanamai baki sernifanua malitiga ki Iortan bo tu fanou tuli nababtaisiena gi nasubofaoena nasigsigleoen tegu nu ;

4. E takue toane ruka mitiria tasi nafisana gi Esaio brofeta, bo tuli, Nalio nata iakei e bo tu bioee lia milati, ko merisukisuki nabus gi nawot, ko bati nalifan ega lena.

5. Sera nabwaloa ego bura, go sera intafa go tefalu ego bakitan ; go tea tageli ego mero lena, go nabus ragoaragos ego malumalu ;

6. Go sera natamole ego libi namutiena gi Atus.

7. Man natamole ruka to tafban ega babtaisira go eka tikitas, ko nawornwora ni mata as eka tikiseimuis kuga safa nimaieton e bo meilua banamai ?

8. Tewanaga ko bati nuana wia nasubofaoen, go ko tiba basaa kuga tuli emalebutomu mou, Abraam e bi temagami : wani a tikimuis, Atua e batiatai fatu mouanetu ega bi nani Abraam.

9. Go tagota e bo en nakoa nakasu mouanaga tewanaga sera nakasu e tiba bati nuana wia mou, ru talusi bo soko kinia baki nakabu faga.

10. Go tealaba ruka fousuusias bo tuli, Insefanaga ugo batia ?

11. Go eka fisaterara bo tuli, nats e lagki suagoro rua, ega tu nata te e tiba lagki tetea mou ; go nata e lagki teafamiena ega bati e takusia.

12. Go natamole bilatouwaki, taba ruka fanamai ega babtaisira, bo bisa bakinia, natamole fanou, insefa ugo batia ?

13. Go eka tuli bakita, Toan e magumu tonakinia ko tiba bati sukulisa mou.

14. Go natamole nafakal ruka fousuusisaa bo tuli, go kinami ugo bati insefa ? Go eka tuli bakita, ko tiba batisaaanaki te nata mou, ko tiba bisura tobwa te nata mou ; go nakbomu ega wia namurien agumu.

15. Go nerei ru bo tu leogoro, go tealaba ru bo tu mitroasera Ioane nai ebia bi Kristo ;

16. Ioane eka fiaatera bakoutiera bo tuli, kinu naga a babtaisimu ki noai ; me nata e bakilagkiou e bo banamai, a tiba kwia mou aga rati intali ni seu aginai : nai ego babtaisimu ki Nimaruna Tab me nakabu faga :

17. Aginai nifi e bautia naruna, go ego nifibakasaki nababa aginai go ego bilatouwaki wit

aginai baki aginai nasuma nañuaga; me nabwelagana ego tubwarakinia nakabu ru banua earaña.
18. Go tealaba e mo bissauki nerei is bo tikita narogorogoanauis.
19. Go eka fanea Erote, Nawot, tea ni Erotia nagaruni gi Filibo bwaluna, go te ini saratrogo aa mouanaga Erote eka to batia.
20. Go eka mo taumi tealaba toanaga, eka fatibonoti Ioane nasum inseleeliena.
21. Go eka fakilini, nai eka to babtaisi nerei bo mo babtaisi Iesu, nai e bo tañamñaa, saburos taka bamaota.
22. Go Nimarun Tab eka sua bansmai bakinia ruka libiria eka takusi kañine, go leo iakei eka fa naburon bo tuli, Nago ku bi nanigu trumiena; nakbogu ekwia kigo.
23. Go nai wanaga Iesu, mesa intouna e bo basas bi relima tolu, nai (ruka mitroakinia) nani Iosef, nai nani Eli.
24. Nai nani Matat, nai nani Leñi, nai nani Melki, nai nani Iana, nai nani Iosef.
25. Nai nani Matatio, nai nani Amos, nai nani Naum, nai nani Esli, nai nani Nagai.
26. Nai nani Maat, nai nani Matatio, nai nani Semei, nai nani Iosef, nai nani Iuta.
27. Nai nani Ioana, nai nani Resa, nai nani Sorobabel, nai nani Salatiel, nai nani Nera.
28. Nai nani Melki, nai nani Ati, nai nani Kosam, nai nani Elmotam, nai nani Er.
29. Nai nani Iose, nai nani Elieser, nai nani Iorim, nai nani Matat, nai nani Leñi.

30. Nai nani Simeon, nai nani Iuta, nai nani Iosef, nai nani Ionam, nai nani Eliakim.
31. Nai nani Melea, nai nani Mainan, nai nani Matat, nai nani Matau, nai nani Tañt.
32. Nai nani Iese, nai nani Obet, nai nani Boos, nai nani Salmon, nai nani Naason.
33. Nai nani Aminatab, nai nani Aram, nai nani Esrom, nai nani Fares, nai nani Iuta.
34. Nai nani Iakob, nai nani Isaak, nai nani Abraam, nai nani Tara, nai nani Nakor.
35. Nai nani Saruk, nai nani Ragau, nai nani Falek, nai nani Eber. nai nani Sala.
36. Nai nani Kainan, nai nani Arfaksat, nai nani Sem, nai nani Noe, nai nani Lamek.
37. Nai nani Matusala, nai nani Enok, nai nani Iaret, nai nani Maleleel, nai nani Kainan.
38. Nai nani Enos, nai nani Set, nai nani Atam, nai nani Atua.

IV.

1. Go Iesu eka bura ki Nimaruna Tab bo ba Iortan liliu, go Nimarun eka belakis baki lia mileti.
2. Tiabolo e bo tu sururea naliati relim e baie. Go eka tiba bami te nimatuna mou naliati monana: e nu go e bo bitelo.
3. Go Tiabolo eka tikinias, wan ba fi aani Atua ba tiki fatu netu is aga bi tea famiena.
4. Go Iesu eka ñastereia bo tuli, E mitiria e toko, natamole tego tiba mole tea famiena iskaimou mou, me seranafisana gi Atua.

5. Go Tiabolo eka belakia baki intafa barou loaloa bo bukaakei biseikinia serinlouna ni emeremina.

6. Go Tiabolo eka tikiniaa, ago tuoko nafinamina otana wanetu ega mou, go namatuan agata: tebi teaginou, go te nata a manai marakaraka ago tuaii.

7. Tewanaga nago bai lotu kinou, go tea mounaga ego bi teaginago.

8. Go Iesu eka fiaaterais bo tuli, Ba faki intakigu Satan: eka mitiria te toko, Bo lotu ki Iofa Atua aginago, go bo aileiaa akeimou.

9. Go eka belakia baki Ierusalem, bo bati eto te namaaua gi naauma tab, bo tikiniaa, wan ba fi nani Atua ba aoka sua naga.

10. Te mitiria e toko, Ego sua ki agelo aginai kigo ruga loberakatiko.

11. Go rugo aelatiko narura kubla tokonaki namelima fatu.

12. Go Iesu eka fiaaterare bo tuli, Eka tuli e toko, Bo tiba balitrogi Iofa Atua aginago mou.

13. Go Tiabolo eka fatiau aera nasurauruaan bo mwilu tua kinia raki te mal.

14. Go Iesu eka liliu nakaauana gi Nimaruna baki Kalilaia: go narogorogoan anagana eka fa uaireki nifanua taliferi.

15. Go nai eka to tafanou naaum nalotuea aginara, tealaba re bo tu aeralomatuaaa.

16. Go eka fanamei baki Nazaret, luai ruka bakaliaa: go a takua aubwiu eka aili naaum nalotuen naliati namarmaroen bo tuleaa ega fe faa.

17. Go ruka tuai tua ni Esaia, brofeta. Go eka balagati tua bo bagmouri alia eka mitiria.

18. Nimaru Iofa e matoon, naleo wane eka fureikinou aga tiki reko narogorogoanauia; eka tubwakiluou aga nafirisien baki namanamana, go namerolecena baki mitakis, aga tubwakilu toana ru bi namanuk ruga fan.

19. Aga trogorogki intau wia gi Nawot.

20. Go eka flafiai tua, go eka tu taailas, bo toatan. Go nimita tealaba naaum nalotuen ruka loaukiaukia.

21. Go eka faaea biaa bakita, Wanetu eka mitiria e toko, maia oanaga nalion e bo aokoe intaligamu.

22. Go ruka nou buteluai bo maga nafiaan inaouwian e bo be nagolina banamai. Go ruka tuli, Wanetu e tibe bi nani Ioaef mou kite?

23. Go eka fiaa bakita, bo tuli, Laaoko kugo tikinou luakia wanaga, munuai ba tumama buabakamouriko: tea mouai uka rogia eka fakilini Kaberneom, ba mo batia luanaga nafanua aginago.

24. Go eka tuli, Laaoko a tikimu is, Ru tiba maaou te brofeta nafanua aginia mou.

25. Go a tikimu is e bi Laaoko, malib laba ruka to Israel mal ni Elaia, maloan naburoe eka kwona toko intoa tolu go atalagi lateaa, ae nafiteloa kwila eka to uaireki nifanua.

26. Go eka tiba auaki Elaia ega ba libi, teteare mou me ega baki Sarebta natokon ini Saiton, ba libi nagaruni iakeimou, aai e bi malib.

27. Go leber laba ruka to Israel mal ni Eliaa,

brofets; go eka tiba biloei titiara mou, me Neeman lakeimou kano ini Siria.
28. Go tealaba nasum nalotuen rukai rogi tea mouanaga bo bura ki nimaieton.
29. Go ruka tulena bo kobaluai baki etaku ini natokon, go ruka belakita bani bamou mabatira natafa, natokon aginara eka toos, ruga selatis sokokinia,
30. Go nai eka fabutaira aru malebato kira ban.
31. Bo sua baki Kabernaom natokon ini Kalilaia, go eka to tafanoura naliati namarmaroea laba.
32. Go ruka seramakoto natafanouen aginai: nafaan aginai toron teka gaeua.
33. Go natamole iakei nasum nalotuen eka lagki nimaru te tiabolo mwota, go eka fioeo nalien ekwila.
34. Bo tuli, Ba turubiai gami; ineefa e bi teanigita, Iesu ini Nazaret? Ku banamai kuga batibunuagami kite? a ataiko nago se; Teatable iakei gi Atua.
35. Go Iesu eka fanoua, bo tuli, Ba funuta, go ba tafeiea ban. Go tiabolo wai eka troeili kinia baki malebato bo tafeiea ban, ekai tiba bati e bi namanuk mou.
36. Go ruka earabiri bakouti bo tumara bisa bakita bo tuli, Ineefa nafaan wanaga, nafinaotan go naakelmielan te eua ki nimaru mwotaea, go ru tafe ban?
37. Go narogorogoan anaguna eka fa aeiraki seralia gi nafanua taliferi.

39. Go eka taleua mwilu nasum nalotueu, bo ba aili, nasuma gi Saimon. Go Saimon mona eka eu namaaki kwila, go ruka firaniea.
39. Go eka tu loeua libiaia, bo fanou namaaki; go eka marua kinia: go eka marafi tulena bo eukaron kita.
40. Go elu te to musu, nara laba wai ruka lagki toane ru maueinei inaasanau ibiearaeera, ruka belakira bakinia; go eka tofi sikiekeikira naruua, bo huabakau ourira.
41. Go tiabolo ruka mero tafe tealaba ban bo fioeo go tuli. Nago ku bi Kristo, nani Atua. Go eka fanoura bo tiba turubieira ruga bisa mou: ruka ataia te bi Kristo.
42. Go aliati te bakitini, eka tafe ban baki lia milati: go tealaba ruka bilagaa, bo bamaeokou, bo mutia aga tiba mwilu tua kira mou.
43. Go eka fisa bakita, E lena taga trogorogki narogorogoauauia gi nameramaraka gi Atua natokona rafalu: e tubakiluon a ba raki toanage banamai.
44. Go eka to fanou nasum nalotuena laba ini Kalilaba.

V.

1. Go eka fakilini natamole labakasu te ruka sogoeogunia ruga rogi nafiaaea gi Atua go nai eka to loutu lukmatua in Kanaearet,
2. Go eka kibi rarua rua ruka an lukmatua: go natamole fati neika ruka mitiara rarua ruaea, bo tu biloei kokoti.

3. Go eka bagi rarua iskei, tea gi Saimon, bo firania ega seikinia ega risu giki baki loa. Go eka toatan rarua bo tafanou tealaba.

4. Go ekai tulia ban eka nu, bo tiki Saimon ia, Seikinia baki namorua, go ko toraki kokoti agumu kuga bubumaki *totea*.

5. Go Saimon eka fisaternia bo tuli, Mariki, uka to wisiwisigasua bog ba e aliati bo tiba bu te namatuna mou: me nafisan aginago ago toroaki kokoti ia.

6. Go ruka fati toane bo gofusa nafeta neika e bikwila: go kokoti aginara eka to maora.

7. Go ruka aloñ walu ra tu rarua kerua, te ruga banamai bakamarmarora. Go ruka fanamai, go ruka fakafura rarua rua, selakikisa te raga moru.

8. Go Saimon Betiro eka libizia bo roa bakitan nabatua ni Iesu, bo tuli, Nawot, ba mwilu tua kinou ta bi natamole sigaigloo.

9. Nai go tealaba ru mou toko te ruka serabiri nafeta neika ruka bubusakia:

10. Go Iakobo me Ioane nani Sebetaio nara mere Saimon ruka tumara bwalubwalu kita to, raka mo tebeloanaga tu. Go Iesu eka tuli baki Saimon, Ba tiba mitaku mou; ba maloanaga kugo bati natamole.

11. Go ruka urusagi rarua baki out, ruka tarubisi bakouti seratrogo, bo rousia.

12. Go eka fakilini, nai teka to natokon iskei, go baleo kano e bara ki lebra: go eka libi Iesu, eka troa tabwolosua tu, bo firania, bo tuli, Ko Nawot, kubi, marakaraka ku batibisakistaiou aga malu.

13. Go eka sei ki naruna bo meritrogis, bo tuli. A marakaraka : ba malu. Go lebra eka termou mwilu tua kinia.

14. Go nai eka tikisukisukia ega tiba tiki to natam mou ? me ba fano bo biseiki natamole toumafa ko, go ba fitu seratrogo namaluen aginago e takus nafisanagi Mose, ega bi natulaeiena bakita.

15. Me narogorogoan anagana eka mo fa usireki bikwilaea: go nafeta natamole labakasu ruka seisei banamai raga rogia, go ega buabakamourira ki namaneineien aginara.

16. Go nai eka to mwilu baki lia milati bo to tafisafisa.

17. Go eka fakilini naliati iskei, nai eka mo to tafanou, go Farisai go natamole gi nafanouan te ruka mwilu nera natokon ini Kalilai go ini Iutaia go Ierusalem banamai, ruka toatan : go naakeimielana gi Nawot eka toko ega fakamourira.

18. Go baleo natamole te su baralise, namerafalu, ru bo tu selatia nimaola: go ruka bilaga selatia baki imrou bo batia ega to niraiena.

19. Go ruka tiba bagmouri takanoai raga selatia babotai nafeta natamole baki imrou mou, ruka fagki nabou nasum, bo toroakinia mera nimaola e uru nesu baki malebuto nirai Iesu.

20. Go eka libi naseralesokoen aginara, bo tikinias, Natamole, e manago batilu nasigagleoen aginago.

21. Go natamole mitiri go Farisai ruka taan mitroesera, bo tuli. Se netu o bisaamanaki *Atua?* Se o batiluatai nasigaigicoen, me Atua iskeimou?

22. Me Iesu eka atai nasiitroesuran aginara; eka fiasterara bo tuli, Imesia ku mitroesoeren nakbouna?

23. Towaso o mellea, aga tuli. A meanago batilu nasigaigicoen aginago; kite aga tuli. Be tuleoa bo suwara.

24. Me te kuga atai naui natamole te lagbi nafinaotan emerotnina ega batilu nasigaigicoen (eka tiki natamole sasan baraliai is) A tikigoa, Be tuleoa, go ba selarakei nimaolaiuna, bo suwerd baki sum aginago.

25. Go eka marafirañ tuteoa niruiera, eka selarakei toane eka eataaoa, bo mwilu baki sum aginai ban, bo tu seralomatua Atua.

26. Go ruka serabiri, go ruka serekematus Atua, go ruka fura ki nantakruen bo tuli, uka libi tea seramakotoen mais ossega.

27. Tea mouanaga te be ru, eka mo tafhai go eka libi natamole bilatouwaki taba e bo toatan masuma taba, nagie natamole, Lafi: go eka tikiniaa, Be rouaiou.

28. Go eka tarubiai bakouti seratrogo, eka talenabo rouaia.

29. Go Lafi eka munai bati inloulou motua aneum aginai; go nasieta natamole bilatouaki taba go natamole rufuJu ruka mou toastan ma nara ruga fami.

30. Go natamole mitiri aginara go nafurinai ruka tauruaru baki natamole toatai aginai, bo tuli, E gua naga komu me natamole bilatouaki taba go natamole sigaigico ku mou fami go mun?

31. Go Iesu eka fiaaterara, bo tuli, nara ru regineujan ru tiba bi tea muauai ega manara bati airatrogo mou; me nara ru rogi nisan.

32. A tiba fanamai aga so natamole lena mou, me natamole sigaigico ruga subofao.

33. Go ruka fiaa bakinia, *bo tuli*, E gua naga natamole toatai gi Ioane ru bali bitobituba, go ru te bati nafiran, go takau iskeimou nafariaai; me aginago ru bami go mun?

34. Go eka fiaa bakita, *bo tuli*, ku batiatai inta ia kano e bo fitouri ruga bali, maloan kano e bo fitouri e neira to kite?

35. Me naliati rogo fanamai, go rogo selalu kano e bo fitouri kietaa, male rogo bali naliati mouan.

36. Go eka mo tuli luakia bakita; Te nata to tiba muauti kulikul tuai malmai kulikul fao mou; wan e batia, male tea fao e boraia, go malmai tea fao e mo tiba batoiakei tea tuai mou.

37. Go te nata e tiba uto wain fao terea sus iai loter tuai mou; wan e batia, wain fao e tibua sua, go e maligui bau, go sos ru mafuuafuwa.

38. Me rogo uto wain fao terea sus fao; go rogo rua kwia to.

39. Go te nata e bo tu mun tea tuai e tiba termou maseon tea fao mou: waai e tuli, Tea tuai e kwia tolia.

VI.

1. Go eka fakilini naliati namarmaroen teuterobroto, nai teka suwara uru atalimate nafiso; go natamole toatai aginai ruka tro nafinaga nafiso, go ruka lolossia namelerura bo bamia.
2. Go tete Farisai ruka tikitas, E gua ku bati toane e tiba bi tea mole kuga batia naliati namarmaroena mou?
3. Go Iesu eka fiaterara bo tuli, ku wo tiba fesu toane Tafit eka fatia mou, maloan eka bitelo go nara ru bo tu nea kite?
4. Teka sili nasuma gi Atua, go nakoeu nafiseikiena eka wusia bo famia bo mo tu toane ruka neas: e tiba bi tea mole te nata ega famia mou, me natamole toumafa ru akitra?
5. Go eka takitas, Nani natamole te mo bi nawota gi naliati namarmaroen.
6. Go eka mo bakilini naliati namarmaroena bota, nai teka sili nasum nalotuena go tafanou: go natamole eka loea, go naruna ni matua eka mate.
7. Go natamole mitiri go nafariasi ruka mitiberakatia, e bi la buabakamouria naliati namarmaroen; ru naga ruga bagmouri seratroga ruga tubwais.
8. Go nai eka atai namitroen aginara, go eka tuli baki natamole wai naruna e mate, Ba tulena go ba loutu malebuto. Go eka tulena bo loutu.
9. Male Iesu eka fisa bakita, Ago foususimu namatun iakei: E mole nata ega bati tea wia naliati namarmaroen kite tea ea? ega fakamouri kite ega batibana?
10. Go eka libi bakoutiera taliferi, bo tiki natamole fa, Ba sei ki naruma. Go eka fatia tebela: go naruna eka mero kwia e takusi kerua.
11. Go nara ruka fura ki nafiboroena bo tumara tabiaa bakita takanoai ruga bati Iesu ise be.
12. Go eka fakilini maloan teka taf baki intafa iakei ega tafisafisa, go eka tafisafisa ki Atua bog ba e aliati.
13. Go ekai aliati eka so natamole toatai aginai banamai: go eka mitilu relim iakei temati ruara, bo bitugiera ki aboeitelo;
14. Saimon eka mo bitugiena ki Betero, go Antrea bwaluna, Iakobo go Ioane, Filib go Bartolomaio,
15. Mataio go Toma, Iakobo nani Alfaio go Saimon ru se ki Selote.
16. Iuta bwalu Iakobo, go Iuta Iskariote, nai eka mo bi Kano bilaktoutou.
17. Go nara me nai ruka mou sua ban, bo tu intanomarobe, go nafeta natamole toatai aginai, go nafeta narei e bikwila ruka fa bakouti Iutaia go Ierusulem go elou in Tairo go Saitone banamai ruga rogio, go ega buabakamourira ki nasasasen aginara;
18. Go nara nimaruna mwota rafalu ru bo tu batasasuakita; go eka buabakamourira.
19. Go tealaba ruka bilaga meritrogis: naakeimisian teka mwiluisa ban bo bakamouri bakontira.

20. Go nai eka makalosaki baki natamole toatai aginai, bo tuli, Kumu reko ku bo maro: wani nameramerana gi Atua e bi agumu.

21. Kumu ku bo bitelo maloanaga, ku bo maro: wani kugo buka. Kumu ku bo tu tagi maloanaga ku bo maro: wani kugo mur.

22. Kumu kubo maro, wan natamol rugo malo kimu, go wan rugo takbotaimu *ruga bi isobola bakila*, go rugo suerimu, go rugo netaki nagiomu baki etak e takus seratrogo semusemunu, e tubwa nalio nani natamole.

23. Ko maro nalinti wan go ko seka nalailaiena; wani, balso, nasokarien agana bakimu e bikwila naturon: wani e takus tea mouanaga tematua aginara ruka fati nabrofeta.

24. Me ako kumu sogaleba Kugo Sa! wani ku lagki na marmaroen agumu.

25. Ako kumu natamole buka Kugo Sa! wani kugo bitelo. Ago kumu ku bo tu mur maloanaga Kugo Sa! wani kugo bituns bo tagi.

26. Ako kumu Kugo Sa, wan sera natamole rugo bisakwia kimu! wani e tebeloanaga tematua aginara ruka fati nabrofeta bisuru.

27. Me e tikimu is ku bo tu rogia, ko trumi walustumu, ko batikwia ki toane ru malekimu.

28. Ko bisakwia ki toane ru biasa kimu, go nara ru bo tu suerimu, ko manara tañsañsa.

29. Nata wan e bo tu robagiko nababuma iakei, be tuai kerus; go nata wan e bo tu sela kote aginago ban ba tiba tubwageria suagoro ega nea mou.

30. Seranatamol e bo tagofiko, ba tuai; go te nata e bu teaginago ban ba tiba mo tago fiasa mou.

31. Go takanoai ku marnkaraka natamole ruga magumu bati seratrogo, kumu ko mero imaginara bati seratrogo ega takusis.

32. Go wan ku trumi toane ru trumimu, ku lagki insouwiana kua? wani natamole sigsigleo ru mera trumi toane ru bo tu trumira.

33. Go wan ku batikwia ki toane ru bo tu batikwia kimu, ku lagki insouwian kua? wani natamole sigsigleo ru bati tea skcimou.

34. Go wan ku kwusigorira seratrogo bo mo leorakinia kugo mo kwisluai kieta, ku lagki insouwiana kua? Wani natamole sigsigleo ru mera kwusigori natamole sigsigleo seratrogo, ruga kwislu seratrogo tciakeimou kieta.

35. Me ko trumi walustumu, go ko meriwia, go ko kwusigoro bo tiba mo leoraki te namatuna mou; go nasokarien agana bakimu ego bikwila, go kugo bi nani nata-skina-bakilag: nai te wia baki toane ru tiba mitroskwia *kieta* mou, go ru semusemunu.

36. Tewanaga ko su botrumi ega takus botrumi gi tematmu.

37. Go ko tiba bisabota mou, go kugo tiba bi tea bisabotaiena mou: Ko tiba tubwagotefi mou go kugo tibi bi tea tubwagotefien mou: ko ratilu go kugo bi tea ratiluaua.

38. Ko filu seratrogo go rugo tuamu seratrogo; tea toagi wia ru tofia bakitan, go ru nuanua kinia, go e maligai bakitan, rugo bituas baki narumamu.

Wani tea tougi iakeimou ku tougiia, rago mero tougiia bakimou.

39. Go eka tikita luakia, Mitakis e fiseikiatai mitakis nabua kite? rago tiba rua troa baki te moru mou kite?

40. Natamol toatai e toli natamol tafanou aginai mou: me seranata e mo kwia berakati ego batoiakei me natamol tafanou aginai.

41. Go E gua naga ku libi namwota te to nimita bwaluma, me ku tiba atai nakas te to aginago nimitama mou?

42. Kite E gua naga ku tuliatai baki bwaluma, Bwalugu, ba turubisiou aga batilu namwota ki nimitama, naga ku bo tu tiba libi nakas te to aginago nimitama mou? Ubokrit, nago ba fe batilu nakas ki aginago nimitama, go male kugo lobua kuga batilu namwota ki nimita bwaluma.

43. Wani nakas wia e tiba bati nuan aa mou: go nakas sa e tiba bati nuana wia mou.

44. Wani ru atai seranakasu nuan berakatina, wani ru tiba bailu nuanfik ki nafurafura ragoragoa mou, go ru tiba bailu nuanfain ki batigaia mou.

45. Natamol wia e selalu te wia ki nasoga wia nakboua; go natamol sa e selalu tea sa ki nasoga sa nakboua: seratrogo nakboua e burus nagolina te bisas.

46. Go e gua naga ku soou Nawot, Nawot, go ku tiba bati toane a tulia mou?

47. Seranata e banamai libisiou, go e rogi nafisan aginou, go e batis, ago biseikimn nata wan e takusia:

48. E takus natamol e ta nasum, nai e gilis bakitan, go e bati inlaken o to fattok: nobu o bakilini, go natafi e netigasua ki nasuma wan, go e tiba nuanua kiataia mou: inlakena te to fattok.

49. Me nata e rogia go e tiba batia mou, e takus natamol e ta nasuma e to iutano, inlaken e tika; natafi e neiigasua kinia, go e suki marafirafi; go nasuma wane e sa bikwilena berakati.

VII.

1. Go eka tiki nerei nafisan aginai ba e nu bo sili baki Kaberneom.

2. Go natamole gi te nawota nafakal, eka rogi nisan taga mate, nai eka wia kinia.

3. Go eka rogi narogorogeana ki Iesu bo tubakilu nimariki gi nakan Iutaia ba libisia, bo tu firanisa, ega banamai buabakamouri natamole aginai.

4. Go ruka fanamai libi Iesu bo firania bikwila, bo tuli. Nai te kwia kuga manai buti toanaga.

5. Wani e trumi naloun anigita go eka manigita te nasum nalotuena.

6. Go Iesu eka fitana kira bau. Go te bo tiba to mwai ki nasuma mou, nawota rafakal eka sua ki tete intana banamai libisia bo tikiniaa, Nawot, ba tiba tumama merigasua kigo mou; wani a tiba kwia kuga sili nasum aginou mou.

7. Tewanaga eka mera tiba tumagu mitroa kinou mou ta kwia taga finote libisiko mou: me

c

ba tulis nafisaa iskei go karikik aginou ego roginouian.

8. Wani kinu a mera bi nawota kiki, bo lagki natamole nafakal; go a tiki toanotu is, Ba finote; go e binote; go a *tiki* toakerua, Ba fanamai; go e banamai; go a *tiki* natamole aginouia, Ba fati toanaga; go e batia.

9. Go Iesu eka rogi tea mouanaga, bo magaa, go eka meraroa bo bisa baki teamouane ruka to rousia, A tikimu is, aka tiba bagmouri naaeralesokoen e bikwila tebeloanetu Israel mou.

10. Go nafakou ruka liliu baki suma, bo bagmouri natamole sasan e bo tu roginouian.

11. Go eka fakilini bilimitimei kinis, eka faki natokon iskei nagiena Nen; nai go natamole toatai aginai ru laba ruka mou; go natamole labakasu.

12. Go ekai faki malitiga ki nimeta natokon; go bateo, ruka to sela natamole mate ban, totou iskeimou gi bwilena; go nai e bi malib; go nakan natokona ru laba ruka fitana kinia.

13. Go Nawot eka libisia bo rogaisasa, go eka tikinisa, Ba tiba tagi mou.

14. Go eka faki malitiga bo meritrogi nababa selationa; go nara ru bo ta selatia ruka mara tu. Go eka tuli, naturiei, a tikigus, Ba tulena.

15. Go natamole mate eka tulena, go eka faaa bisa. Go eka tu bwilena.

16. Go namtukuen eka toko bakoutira; go ruka seralomatua Atua, bo tuli, Brofeta matua ia fakilini kiigita; go, Atua te banamai libi nerei aginai.

17. Go narogorogoan aganu wanotu eka fa uaireki bakouti Iulaia, go uaireki bakouti nafanua taliferi tu.

18. Go natamole toatai gi Ioane ruka tikiseia tea mouanaga.

19. Go Ioane eka so nginai natamole toatai e rua bo sua kita ba libi Iesu, bo tuli, Nago mesa nai e bo banamai? Kite tuga leogoro teakerua?

20. Go namera rua raka fakilini kinia, bo tuli, Ioane Babitaia eka tubakiluagami banamai libisiko, bo tuli, Nago mesa nai e bo banamai? kite tuga leogoro teakerua?

21. Mal iskeimou wan eka buabakamouri tealaba ki inaasanau; go nafituntunuen; go nimarun aa rafalu; go eka tu namitakia laba ruga leo.

22. Go Iesu eka fisaterara bo tuli, ko rogai ban bo tiki Ioane tea mouanaga ku to libisia, go ku to rogia; namitakis te ru leo, goli te ru euwara, leber te ru malu, natamole waro te ru rogo, teamate te ru tulena, reko te ru rogi narogorogoanaui.

23. Go nai e maro te tiba tokonakiou mou.

24. Nafakou ni Ioane raka mwilu ban, go eka faasa tiki tealaba nafisana Ioane, Insefa kuka taf baki lia milati kuga libisia? nous, meliboi ki inlagi kite?

25. Me Insefa kuka taf kuga libisia? natamole su kulikul mallua? Baleo, nara ru au kulikul nerakei, bo toko ganikana, ru to nasuma gi Nawot.

26. Me Insefa kuka taf kuga libisia? Brofeta? Ia a tikimu ia go e toli brofeta.

27. Wanetu e bi nai ruka mitiri toanaga asa, Baleo, kinu a tubakilu nafakou aginoo e bea ki niraiema nai ego meresukisuki nabua aginago kobes kigo.

28. Wani a tikimu ie, Te brofeta iskei, nagaruni ru solatis, e tiba matua toli Ioane Babitais mou; mo nai to giki namerawerana gi Atua, e matua tolia.

29. Go nerei labs go natamole bilatonaki taba ruka rogia bo seralolena Atua, ruka be wissuki nababilaisiena gi Ioane.

30. Me nafarisai go natamole gi nafanouena ruka seralobwalo nafisabotaiena gi Atua bakita, ruka tiba bo wissuki nababitaisiena aginai mou.

31. Go Nawot eka tuli, Insefanaga ago tuli intago—natamole wanaga ru takusia? Go ru takus insefa?

32. Ru takus nikarikik te ru toatan lia nabegkotoen bo tumara sosora bo tuli, uka si lakori bakimu go kuka tiba sali mou; uka tagi bakimu go kuka tiba gei mou.

33. Wani Ioane Babitais eka fanamai bo tu tiba fami nakoon kite mun wain mou; go ku tuli, E lagki te tiabolo.

34. Nani natamole e banamai bo tu fami go mun; go ku tuli, Baleo, natamol e famleba .go e mun wain, inta gi natamole bilatonaki taba go natamol sigsigleo!

35. Me namitamatuana nauina laba ru seralolenaa.

36. Go Farisai eka fitous raga rua fami; go eka aili nasuma gi Farisai bo toatan ega fami.

37. Go Baleo, nagaruni iskei ini natokona, nai eka bo to sigsigleo, eka ataia te toko nasuma gi Farisai ega fami, bo aela ilibagoen alabastero ini teanabowia banamai.

38. Go eka tu melitiga ki natuona intukuna, bo tu tagi, go eka fasaa tere natuona naririmitena, go eka tubwagasia nalulu nibouna, go eka sumi natuona, go eka lofia tea nabowia.

39. Me Farisai nai eka fitou Iesu eka lil isia bo talakalaka tumana tikinias, bo tuli, natamole wanaga ebi bi brofeta ebi ataisu nagaruni netu o meritrogia, go nafolofolou aginai: te bi nagaruni sigsigleo.

40. Go Iesu eka fisateraia bo tuli. Saimon a rogo tikigo seratrogo. Go eka tuli, Natamol fanou, ba tulia.

41. Nawot iskei, natamoli e rua raku tiba sokari teaginai mou: kerua e wo tiba sokari muoe e bunti lima mou: go kerua e wo tiba sokari relima lima mou.

42. Go ra bo tika ki tea nasokariena, eka bakaskei tuamole kitas. Natamole e rua naga, ba tuli, towase ego trumia bikwilena?

43. Saimon eka fisateraia bo tuli, a mitroakinia e bi nata wan eka tuamole kinia e bikwilena. Go eka tikinias, ku tuli masokoa.

44. Go eka auraroa baki nagaruni bo tiki Saimon ia, ku libi nagaruni netu? Aka aili sum aginago, noai raki natuogu kuka tiba tuouaa

mou: me nai eka tere natuogu naririmitena, go eka tubwagasia nalulu nibouna.
45. Kuku tiba sumiou mou: me nagaruni netu, ba maloan aka sili banamai, e te sumi natuogu.
46. Kuka tiba loñ nibougu narora mou; me nagaruni netu eka loñ natuogu tea nabowia.
47. Tewanaga a tikigos, aginai nasigsigleoen e laba e mwilu ban; teka trumi bikwila: me nata wan tea kiki e manai mwilu ban, e trumi e giki.
48. Go eka likinisa, aginago nasigsigleoen e mwilu ban.
49. Go nara ruka mou toko ruga fami ruka fasaa tumara likitas, Se netu e mera batilu nasigsigleoen?
50. Go eka tuli baki nagaruni Naseralesokoen aginago eka fakamouriko; ba usi netomate ban.

VIII.

1. Go eka fakilini selaitaku, uai teka suwara usi sera natokona go sera natokona kiki, bo tu fanou, go trogorogki narogorogoanauia gi nameramerana gi Atua: relim iskei tewati rua me nai ruka mou,
2. Go nagaruni rafalu eka buabekamourira ki nimarun sa erafalu go namaneineien, Mere ru se ki Maktalene tiabolo larua ruka mwiluisa ban,
3. Go Ioana nagaruni ni Kusa, tasila gi Erot, go Susana, go namerafalu laba, ruka te sileia ki nasogata.

4. Go natamole labakasu ruka mou seisei, go ruka, fa sera natokona banamai libisia, eka flaa luakia:
5. Natamole lilou eka fan ega lou aginai nabatine: go nai te lo louis, tete eka troa baki nabua; go ruka fasukia bakilan, go manu in naburou ruka famibakoutia.
6. Go teabota eka troa baki fattok; go eka bisou bo maritou, e tiba miu mou e bi inlakona.
7. Go teabota eka troa baki nafurafura ragoragoa; go tea ragoragoa ruka mou bisou bo buragoria.
8. Go teabota eka troa baki intano wia, go eka bisou bo tou nuan e bi bunuti. Go eka tuli teamouanaga bo floso, Nala e lagki intaligena ega rogo, ega rogo.
9. Go natamol toatai aginai ruka fousunsiasa bo tuli, Suaki wanaga e tubalise?
10. Go eka tuli, E tuamu kuga atai seratrogo bwelu in nameramerana gi Atua: me e tu namerafalu is luaki ruga libisi bo tiba libisi mou, go ruga rogo bo tiba atai mou.
11. Ia luaki wanaga to: Nabatie e bi nañsana gi Atua.
12. Go nara nabua ru bi toane ru bo tu rogo; male tiabolo e banamai, go e selalu nañsan ki nakbora ruga tiba seralesoko bo moli isa mou.
13. Me nara fattok ru bi toane ru rogo bo wisuki nañsan namaroen; go nakoata tika, ru seralesoko baki te mal, go ru takbarogoria mal nafatitrogoen.

14. Go toane eka troa baki nafurafura ragoragoa, nara netu ruka rogo bo suwara, go namitroabutuakien go nasogaleba, go nalailaiena gi nagmolien *wanaga* ru atugia, go ru tiba bati te nuan e matuakwia mou.

15. Go toane e to intano wia to, nara netu nakbor e bi lasoko go e wia, ruka rogi nafisan bo wisaukia, go ru bo fou nuan e tokasu.

16. Te nata e tukoeu nesulu e tiba bougoria ki las kite bati e to atanki nimaola mou; me e bati e to nakaa nesulu nara ru bo sili banamai te ruga libi namirama.

17. Wani seratrogo bwelu, nai ego tiba bakilini namirama mou, e tika; go seratrogo ruka tasuri ki suea, nai ego tiba bi teataiena bo banamai sili namirama mou e tika.

18. Tewanaga-ko libisi takanakua ku rogo: wani nata e lagki seratrogo, rugo tuai; go nata e tiba lagki seratrogo mou, toane e lagoro lagkinia rugo kwisluai kiena.

19. Go bwilena go nibwaluna ruka fakilini kiena, go ruka fannamai saraft ruga libiaia, nafeta natamol e bi inlakena.

20. Go ruka tikinias bo tuli, Bwilema go nibwaluma ru tu ekatema bo tu marakaraka libisiko.

21. Go eka fisaterara bo tuli, Bwiligu go nibwalugu ru bi nara ru bo tu rogi nafisana gi Atua, go rubo tu batia.

22. Go eka fakilini naliati iskei, nai teka lagi te rarua go natamol toatai aginai : go eka tikitas, Tuga likougota baki natiginakerua gi lukmatua. Go ruka seiki rarua binote.

23. Go rarua e bo tu sefa, eka maturu : go inlagiat eka sua banamai baki lukmatua ; go ruka to moru se'akikisa te ru naga ruga mate.

24. Go ruka fanamai bugonia bo tuli, ko Nawot, Nawot, tuga sa mate. Go eka tulena bo fanou inlagi go nabeon noai ; go raka marua go eka tomali en.

25. Go eka tikitas, Naseralesokoen ngumu e we ? Go ruka mitaku bo maga, bo tumara tikitaa, Mesa se naga ! te mero fisuaki inlagi go noai, go ra rogiberakat nalion.

26. Go ruka faki eut naiama gi nakan Katara, wanai e tu tafi Kalilai.

27. Go e bo miti binote baki eut, kano iskei eka fa natokon banamai suai, e lagki tete tiabolo tuai, go e tiba to su teasuneana mou, go e tiba to suma mou, me e to nimntigo.

28. Go eka libi Iesu, go eka troa bakitan niraiena, go eka fisa naliona kwila. Inaefa anigita. Iesu, *nago* nani Atua e akina bakilag ? A firaniko, ba tiba fatiou ki nafitunitunuena mou.

29. Teka sua ki nimarun e mwota ega tafe natamol wan ban. Sela laba teka fatigasua kinia ; go ruka selis nime ni fatu, go tea namelina, bo loberakatia ; go eka fatigoteñ teasilaili, tiabolo e batia ban baki lia milati.

30. Go Iesu eka fousumiaaa bo tuli, Nagiema se ? go eka tuli Nabuku : man tiabolo te ruka silifia.

31. Go ruka firanias ega tiba sua kita ruga baki moru bagontika mou.

32. Go talu in wago ruka mato luana bo tu

fami intafa: go ruka firanias ega turubisira ruga ban silifira. Go eka turubisira.

33. Go tiabolo ruka tafe natamole wan ban bo silifi wago: go tula ruka uru sua nabatira baki lukmatus bo suabunu.

34. Go natamole tu wago ruka libi toane eka fakilini, bo sefa, go ruka fano bo tulia natokona go atalimate.

35. Go ruka tafban ruga libi toane eka fakilini; go ruka fanamai libi Iesu, go ruka fagmouri natamole wan, tiabolo ruka tafeisa ban, e bo toatan natuo Iesu, e su kulikul suneau, go e militroa: go ruka mitaku.

36. Go nara ruka be to libisia ruka tikita takanosi kanoa gi tiabolo eka roginouian.

37. Go tona in nakan Katara taliferi, ruka nou firanias ega mwilu tua kita ban; namtakuena kwila te to batira: go nai eka bagi raruabo liliu binote.

38. Go kanos tiabolo ruka tafeisa ban, eka firamisa ega nea to; me Iesu eka tubwatubwea, bo tuli.

39. Ba liliu baki sum aginago, go ba trogorogki tealaba Atua eka manago batia. Go eka finote ba usiriki bakouti natokon bo tu trogorogki tealaba Iesu eka manai batia.

40. Go eka fakilini Iesu te liliusu, tona natamole ruka bisatafia; wani ruka wou to leogorosa toko.

41. Go Baleo, kanos nagiena Iairo, nawota gi nasum nalotuen iskei eka fanamai: go eka troa bakitan natuo Iesu, bo firania ega banamai sili nasum aginai.

42. Aginai nanina nagaruni iskeimou, mesa intouna relim iskei temati rua, silakikisa tega male. Go nai te bo finote, tona natamol laba ruka sogosogonia.

43. Go nagaruni iskei eka su intrafarou, intou relim iskei temati rua, wanni eka sori bakouti teaginai tu munusi is, go te iskei e tiba batistaia ega roginouian mou.

44. Eka fanamai baki intakuna bo meritrogi tea suneau aginai naligina: go intrana barou eka marafiraﬁ inakot.

45. Go Iesu eka tuli, Se eka moritrogiou? Go wan tealaba ruka nou to goroe, Betero eka tuli, go nara ruka mou toko, Nawoi, toua natamol ru bo seiseigoriko go sogosogoniko, go ku tuli, Se eka meritrogiou?

46. Go Iesu eka tuli, Te nata eka meritrogiou: wani kinu aka libi naakeimiolan eka tafeon ban.

47. Go nagaruni wan eka atais te tiba bwelu mou eka tururu banamai, go eka troa bakitan niraiena bo tikinia toane eka meritroginas nirai in tealaba, go takanoai eka marafi roginouian.

48. Go eka tikinias, Nanigu nagaruni, ba rairai: naseralesokoen aginago eka fakamouri:o; ba usi netomate ban.

49. Nai e wo to bisa, nata eka fa nasuma gi nawota gi nasum nalotuena banamai, bo tikinias, nanima nagaruni te malesu; ba tiba bati natamol fanou ega bi nawa mou.

50. Me Iesu eka rogia bo bisaterais bo tuli,

Ba tiba mitaku mou : ba seralesko akeimou go ego moli nafakawouriena.

51. Go eka sili suma bo tiba turubisi te nata ega sili bano mou, me Betiro, go Iakobo, go Ioane, go Karikiki nagaruni anafa go bwilena, ru akitra.

52. Go ruka tagi bakouti, go ruka tagisia : go eka tuli, Ko tiba tagi mou ; e tiba mate mou me e maturu.

53. Go ruka muru kinia, ruka ataia te mata.

54. Me nai eka gobalu bakoutiera baki ekatema go eka lu naruna bo bisa tuli, Karikiki, ba tulena.

55. Go Nimarua eka liliu, go eka tulena maraBrafii : go eka sua kita ruga tuai ega fami.

56. Go tematua agiuni raka serabiri : me eka tikisukira ruga tiba tiki te nata Ioane eka fakilini mou.

IX.

1. Go eka so natamol toatai relim iskei temati rua ruga seisei bo tuira nakasuana go nafinaotana ruga bati sertiabolo mouanaga, go ruga buabakamouri teamaan.

2. Go eka tubakiluira ruga ba trogorogki nameramerana gi Atua, go ruga buabakamouri teamaneinei.

3. Go eka tuli bakita, Ko tiba sela seratrogo nabua mou, tiko kite bolo, kite naknon. kite nuane ; go agumu suagaro ega tiba ruarua mon.

4. Go te nasuma kugai sitiia, ko matoos go ko tafeisa ban.

5. Go tealaba wai rugo tiba wisaukimu mou, Kugai tafe natokon wan bo fasifarikilu nasuga ki natuomu, ega bi tea natulaeien bakita.

6. Go rukai bano bo suwara ur natokon laba bo tu trogorogki narogorogoanauia bo tu buabakamouri serali.

7. Go Erot nawot eka rogi tea laba nai eka fatia : Go eka filielia natisuna gi tete, ruka tuli, Ioane te mwilu teamati tulena ;

8. Me tete ruka tuli, Elaia te bakilini ; me tearafalu ruka tuli Brofita iskei gi nakan toube te mo tulena.

9. Go Erot eka tuli Kinu aka wisibunu Ioane ; me nai netu sei a rogia tea tibela mouanaga ? Go eka filaga libisia.

10. Go nabositelo ruka liliu bo tikinia tea laba ruka Jatia. Go eka tuutlia bo bwelu baki lia milati gi natokon nagien Betsaita.

11. Go tealaba rukai atai, bo rousia : go eka wissukira bo tikita nameramerana gi Atua, go eka buabakamouri teamasan.

12. Me elu eka magali mato, go relim iskei temati iskei ruka fanamai tikinisa, Ba tubwatubwa nafeta natamol te rugai bano baki natokons laba, go atalimate labs taliferi, bo manaki bo bagmouri teafamiena : Managa ru matoos te bi lia milati.

13. Me eka tuli bakita, Kumu ko tw re ruga fami. Go ruka tuli, Kinami u tiba lagki te namatuna mou me nakoon lima go neika rua akeimou ; ubi tiba bano bo bagkotefi teafamiena ega bi agi tealaba oane mou.

14. Wani nanoi mesa ru bi manu lima. Go

eka tuli baki natamol toatai aginai, Ko fatira ruga toatau ruga fita tou relima lima relima lima.
16. Go ruka fati e takauoai, go ruka fatira ruka toatau bakouti.
16. Go eka sela nakoon lima go neika rua wan, eka loaaki baki naburou bo bisakwia kita, bo sukwai, bo tu natamol toatai ruga sukarouaki nafeta natamol.
17. Go ruka fami go ruka fuka bakouti: go ruka bai namagafei relim ni bole iskei temati rua.
18. Go eka fakilini nai teka to akina tañsafisa, natamol toatai ruka nea to: go eka fouauaieras bo tuli, Natamol laba ru tuliou a bi se?
19. Go ruka fisatiraia bo tuli, Ioane Babitais; go namerafalo, Elaia; go merafalo Brofeta iskei gi nakan toube te mo tulena.
20. Go eka tikitas, go Kumu ku tuliou a bi se? Betiro eka fisateraia bo tuli, Kristo gi Atua.
21. Go eka fisamatua bakita, bo tikisukisukira ruga liba liki te nata toanaga mou;
22. Bo tuli, Te bi tea ega bakilini, nani natamol ega rogitean tea laba, go nimariki go nabou natamol toumafa go natamol mitiri ruga tubwa-tubwea, go ruga atugia, go ega tulena naliati kitola.
23. Go eka tuli baki tealaba, Wan te nata p marakaraka rousia, ega tumana tubwagoria sera-trogo, go ega sela teaturbunu aginai sernaliati, go ega rousiou.
24. Wani te nata e marakaraka mati nagmo-lien aginai, ego batibuele kinia: go te nata e batibuele ki nagmolien aginai naleogu, nai ego mutia.

25. Wani natamol ekwia insefa, te au bakouti emeromina wanaga, me e tumana batibuelo kinias, kite ebi serabaas?
26. Wani te nata egai maliere kinou go nafisan aginou, nani natamol ego maliere kinia, maloan ego banamai namatuan aginai, go agi anafa, go agi agelo ru tab.
27. Go a tikimu is e bi lesoko, To seguia ru bo tu naga rugo liba gatitrogi nimatien mou ba ba rugai be libi namersmoraua gi Atua.
28. Go eka fakilini nafisau mouanaga e ousu mesa mog e latolu, eka belaki Betero go Ioaue go Iakobo bo aaki baki te iotafa ega tañsafisa.
29. Go eka fakilini nai te to tañsafise, niraiena eka bota go teasuneau aginai eka tare bo girigiri.
30. Go baleo, natamol e rua raka bisa bakinia nara ra bi Mose go Elaia:
31. Raka fakilini namatuan bo tuli namwiluen aginai tego mallua batibakoutia Ierusalem.
32. Go Betero go nara ruka mou toko ruka milagataga nimaturuen; me rukai bilo to bo libi namatuan aginai, go natamol e rua wan raka tu nea.
33. Go eka fakilini nara te raka mwilu tua kinia, Betero eka bisa baki Iesu *bo tuli*, Nawot, ekwia tuga to naga: go tuga bati liatoen e tolu; aginago iskei, go agi Mose iskei go agi El Ja iskei: eka tiba atai toane e tulia mou.
34. Go te wo to tuli toane intaliinlagi eka fakilini go eka melugorira: go nara ruko to alli inlaiinlagi bo mitaknis.

35. Go leo iskei eka tafe inlaiiolagi banamai bo tuli, Nai uetu e bi nauigu trumieua : Ko takitrozoa.
36. Go nañaan e bo ua ruka fagmouri Iesu e akina io. Go uara ruka furutan, go naliati mouan, ruka tiba tiki te nata seratrogo ini teamouai ruka libisia mou.
37. Go eka fakilini bilimitimei kinia ruka sua ba intafa go uafeta oatamol e bikwila ruka saai.
38. Go baleo, kano eka fioso uafeta oatamol bo tuli, oatamol fanou, a firaoiko, ba fanamai libi nanigu nanoi ; tebi nanigu skeimou.
39. Go baleo, nimaruo iskei e buntia go e marafi geitagots ; go e bugaaua kinia e tu lai nabosaioea, go e bati e bi marawako bo tugiegi mwi'a tuo kinia.
40. Go eka firani oatamol toatai aginago te ruga kabaluai ; go ruka tiba batiataia mou.
41. Go Iesu eka fisateraia bo tuli, Ko intagooatamol tika naseralesokoen go bolagui, noubwen ega fi ago nemu to, go auki amu ? Ba felaki oaoima baki luanaga.
42. Go te wo to banamai, tiabolo eka fusili kinia bakitau ; go eka fugasua kinia. Go Iesu eka fanou nimaruoa mwota, go eka buabakamouri Karikiki, go eka tu anafasa.
43. Go ruka nou seramakoto naakeimiolan matua ni Atua. Go te ru nou to maga tea labe Iesu eka fatia, eka fisa baki natamol toatai aginai bo tuli,
44. Kumu ko bati nañaan mouanaga ega aili intalegamu : wani rugo mailua belaktoutou naoi oatamol baki naru natamol laba.
45. Go ruka aakbona ki nañsan wanaga, go eka bwelu kira te ruga tiba libisia mou : go ruka mitaku bousuaia nañsan wanaga.
46. Go ruka mitroasera lowa, segata ega akina matua.
47. Go Iesu eka libi naraitroaseraun gi oakbora, eka fu karikik, ba bati e to mlititiga kinia,
48. Go eka tikitaa, Te nata e wissuki karikik netu naleo nagiegu e wissukiou : go te nata e wissukiou e wissuki nata wan eka tubakilnou, wani nata e akina giki mu mouanaga, nai ego matua.
49. Go Ioane eka fisateraia bo tuli, Nawot, uka libi nata e to kobalu tiabolo naleo nagienia ; go uka tubagoris, te tiba fitana kigami rousiko mou.
50. Go Iesu eka tuli bakinia, Ko tiba tubagoria mou : nata te tiba bi teabota bakiigita mou, e be teanigita.
51. Go eka fakilini, mal nafakilagien aginai te bo banamai, nai eka fati niraiena eka lolo ega baki Ierusalem,
52. Go eka tubakilu tete nafakou ru bea ki niraiena ; go rukai bano lo aili oatokon iskei gi nakan Sameria, te ruga maoai merieukisuoi.
53. Go ruka tiba wissukia mou, niraiena teka to e gite ega baki Ierusalem.
54. Go natamol toatai aginai Iakobo go Ioane ruka libisia bo tuli, Ko Nawot, ku marakaraka

D

nga tuli nakabu foga ega sua banamai ba naburou, bo hatibuauira, takanoaua Elain eka mera batia?

55 Go eka meraroa bo fanoura, bo tuli, Ku tiba alai nameriena gi nakbomri mou.

56. Wani nani natamol te tiba banamai ega batibumi natamol mou, me ega fukamouri. Go ruka fano baki natokona bota.

57. Go eka fakilini nara te ru to usi nabua, nata iskei eka fisa bakinia bo tuli, Nawot, ego rousiko brki serolia kugo bakiis.

58. Go Iesu eka tikinias, Fokis ru lagki falia go manu io naburou aukin; me nani natamol e tiba lagki alia ecra bwouaa ana mou.

59. Go eka tuli baki teabota, Ba rousiou. Go eka tuli, Nawot, ba turubisiou agka be ba faki mama.

60. Go Iesu eka tikinias, Ba taruhisi teamate raga ofaki aginara teamate : me nago ba fano bo trogorogki nameramerana gi Atua.

61. Go teabota eka mera tuli, Nawot, ago rousiko ; me ba turubisiou agka be faki sum aginon bisatulakita.

62. Go Iesu eka tuli bakinia, Nata e bo tu ba tea sisi intano naruna go ebo tu lo baki iniakuaa, e tiba kwia ki nameramerana gi Atua mou.

X.

1. Tes mouanaga e nu go Nawot eka mero tu relima netamole e mo laruas, eka tubakilaira rua rua bea ki niraiena baki sera natokoua go alia, nai e naga ego bakiis.

2. Ge eka fisa bakita bo tuli, Nakilkilien e bikwila, me natamol wisiwis ru betik ; tewanaga ko firaci Nawota gi nakilkilena, tega kobalu natamolo wisiwis raki nakilkilien aginai.

3. Ko finote : baleo, kinu a tubakiluamu e gito lama baki malebuto ki wulif.

4. Ko tiba sela inlinmuno mou, kite bolo, kite seu ; go ko tiba bisalati te nata nabua mou.

5. Go kugai sili te nasuma, ko be tuli, Netomate ega bi agi nasuma wanaga.

6. Go wan nani netomate o to luana netomate agumu ego mara tooaa ; me wan e tika, ego lilit bakimu.

7. Go ko mato nasuma wan be tu fami go mua seratrogo ru tuamu is ; wani natamol wisiwis e wia ega wusi namurien aginai. Ko tiba ba nasuma baki nasuma mou.

8. Go kugai sili baki te natakon, go rugai wissukimu, ko bami seratrogo ru sukarou ki mu is :

9. Go ko buabakamouri toane ru masua tooaa, go ko tikitas, Nameramerana gi Atua e beki militega ki mu.

10. Go kugai sili baki te natakon, go rugai tiba wissuki mu mou, ko tafe baki nabua matas aguna bo tuli.

11. Ia, naasu namwota gi natokon agumu te bo tu bulutigami, u gasiluai binote bakimu : me toanaga ko ataia, nameramerana gi Atua te baki militiga ki mu.

12. A tikimu ia, Sotom tego sa a giki naliati wsu, me natokon wan ego sa bikwilena.

13. Ko Koratsin e sa bakigo! Ko Betsaita e sa bakigo! wani man nawisien nasakeimielan ru bakūinisu kiemu rubi fakilini Tair go Saiton, tusi rabi subafon bo tu toatau kulikulank go intanoon.

14. Ja Tair go Saiton rago sa, e giki nafisnbotsiena, me kumu kugo sa bikwilena.

15. Go nago Kaberneom ku bakilag bamou naburou to, kugo bakitan bamou keena.

16. Nata e bo tu rogimu, e rogiou; go nata e bo tu serateamolemu, e serateamoloou; go nata e bo tu serateamoleou, e serateamole nata eka tubakiluou.

17. Go relima larua wan ruka liliu banamai naluilsiena, bo tuli, Nawot, tiabolo ru merimitafusagami nagiema.

18. Go eka tikitas Aka libi Satan, eka troa ba naburou e gite nifili.

19. Baleo, a tuamu nakasuana kuga basi mata go matalos gi Subwi; go kuga bati sera nakasuana gi walubots; go tea akeimou ego tiba batasasanaki mu mou.

20. Ia ko tiba maro toanaga mou, nimaruna te ru merimitafusamu; me ko maro toanaga te mitiri nagiemu naburon.

21. Mal iskeimou wan Iesu eka lailai nimaruna go eka tuli. A bisakwia kigo, Mama, Nawota gi naburou go emeromina, te ku tasuriki tea mouwanaga ki teabometua go teamitamatus, go ku fiseiki totou is: ioro Mama, te kwia nimitama ega tibeloanaga.

22. Mama e tuou seraitrogo laba; go te nata iakei e tiba atai nanina nai se mou, me Mama iskeimou; go Mama nai se, me nanina iskeimou, go nata wan nanina e marakaraka biseikinius.

23. Go eka mersros baki natamol toatai bo mallus tuli, nimita natamol ru bo tu libi tea mou wai ku libisia, ru maro:

24. Wani a tikimu is, brofeta go Nawota laba ruka marakaraka libi tea mou wai kumu ku libisia, go ruka tiba libisia mou; go rogi tea mou wai ku rogia, go ruka tiba rogia mou.

25. Go baleo te natamol gi nafanouen eka tulena bo tu lousurues, bo tuli, natamol fanou, ego bati insefa bo bistulaki nagmolien in serali is?

26. Go eka tuli bakinia, Insofa eka mitiria nafanouen? Insefa ku fea?

27. Go eka fisateraia bo tuli, Bo trumi Iosa aginago Atua ki nakbomh mou wanaga, go natama mou wanaga, go aginago nakasuana mou wanaga; go aginago namititroana mou wanaga; go kano in kiema e gite ku tumama trumiko.

28. Go eka tikinias, ku biaa lena: ba fati toanaga go kugo moli.

29. Go nai e bo tu marakaraka tamana seraiolenas, eka fisa baki Iesu bo tuli. Go se e bi kano in kiegu?

30. Go Iesu eka fisateraia bo tuli, natamol iskei eka sua ba Ierusalem baki Ieriko, go eka fakilini ki natamol binako, go ruka soulu kulikul aginai go ruka fati e bi namanuk be bano, ruka turubisia e mate busa.

31. Go natamul toumafa iskei eka sua mato uai nabua wan bano : go eka libisia, bo talulekinia bano.

32. Go takan iskeimau nani Lofi iskei eka fakilini ki alia, eka fanamai, go eka libisia, bo talolekinia bano.

33. Go te kano in Sameria te bo tu suware, eka fakilini kinia, go eka libisia bo roguisasa.

34. Go eka fanamai bo lelei naunanuk aginai e bo tu ligei narora go wain ia, go eka fati eka to os aginai, bo belakia baki faria namanakiena, go eka bakalia

35. Go bilimitimei kinia eka tafo, eka selalu mune ruu bo tu kano in fareaa, go eka tikinia. Ila bakulia, go soratrogo kugai soria egai taumia kinu ago liliu banamai bo sokaria bakigo.

36. Tewanaga segaia natamol tolu netu, ku mitroa kinia, e magi nata wan, eka fakilini ki natamol binako, bi kano in kiena ?

37. Go eka tuli, Nata eka trumia. Mele Iesu eka tiki nias. Da fano, go nago ba fati ega takusia.

38. Go eka bakilini nafanoen aginara, nai teka mero sili baki te natokon iskei : go naguruni iskei nagiena Marta eka wissukia baki sum aginai.

39. Go bwaluna ru se ki Mere, uai eka mera tostan natuo Iesu, bo rogi nafisan aginai.

40. Go Marta eka fabutuaki nasileiena kwila, go eka fanamai bo tuli, Nawot, ku tiba mitroa kinia, bwalugu te turubisiou aga akigu silei mou kite? Si ba tikinias ega fanamai ouliou.

41. Go Iesu eka fisaterain bo tuli, Marta, Marta, ku mitroabutuaki, go ku bi nawa scratrogo laba :

42. Me tua skeimou e kwia : go Mero eka mitilu tea wia netu, te nata ego tiba fautiluai kiena mou.

XI.

1. Go eka fakilini nai eka tafisafisa alia iskei ban eka nu gu natamole toutui iskei aginai eka fisa bakinia bo tuli, Nawot, ba talanougami uga tafisafisa iga kite Ioane eka mora tafanou natamol toatai aginai.

2. Go eka tikitas, wan ku tafisafisa ko tuli, Tamagami O nago ku matu naburou, Aginago nagiema ega tab, Aginago nameramerau ega fanamai, aginago namarakarakan ega toke, takanoan e to naburou, takanoanaga ega mera to intano.

3. Aginami teafamien masoko, ba tuagami ia seranaliati mou wanaga.

4. Goba maginami batilu nasigsigleoeo aginami, wani sara natamole e merisa ke gami, kioumi u mera manai batilu. Go ba tiba belaki gami baki nesuresurusan mou ; me ba fulua gami ki toene e m.

5. Go eka fisa bakita bo tul', Segamu ego lagki tana go ego suwara bakilini kinia bog matu, go egai tikinias Tagu, ba fe tuon nakoun tolu ;

6. Wani tagu iskei e bakilini nabua banamai libisiou, go a tika ki seratrogo aga aukaron kinias.

7. Go nai imrou ego biasteraia bo tuli, Ba tiba, batiou aga bi nawa mou: nimeta e kwon to, go kinami mera karikiki aginou u antano nimaola; a tiba tulena atai aga tuakoso mou.

8. A tikimu is wan ego tiba tulena bo tuai, nale o wane e bi tana mou, naleo naalagoroen aginai ego tuleua bo tuai tea aga moutakana.

9. Go kino a tikimu is, ko fitago, go ego tuamu; ko bilaga go kugo bagmouri; ko tumatuma, go ego magumu tobware.

10. Wani sera nata e bo tu bitago e wusi; go e bo tu bilaga e bagmouri; go e bo tu tumatuma ego manai tobware.

11. Go segamu, nanina ego tagoña, anaía, nakoon, ego tuai fatu? go ebi *tagoña* neika, ego tuai mata ouli neika kito ?

12. Go wan e tagoña natol toe, ego tuai mataloa gi subwi kito?

13. Ia, wan kumu, natamol aa, ku tuatai nanimu nafituan wia: e bo bi lasoko bikwilenakasu, Tamamu in naburon ege tu toane ru bo tu bitagoe Nimaruna Tab.

14. Go eka to kobalu tiabolo iakei, go nai e bi busa to. Go aka fakilini, tiabolo te bo tu taf ban busa eka biaa; go nafeta natamol laba ruka 'magaaa.

15. Go te sagata ruka tuli, E gobala tiabolo Beelsebul nawota gi tiabolo.

16. Go merafalu ru bo tu sursuruea, bo tagoña nafeifeien ba naburou.

17. Me nai eka atai aginara namitroan bo tikitaa, serinlouna e tumana bi teabota bakinia ego milati; go nasum e tumana bi teabota bakinia, e auki.

18. Go wan Satan e tumana bi teabota bakinia nameramerau aginai ego tu takanoai? to ku tuli, ta kobalu tiabolo Beelaebul

19. Go wan kinu a kobalu tiabolo Beelsebul, nanimu ru kobaluira se? Towanaga nararugo bisabotaimu.

20. Me wan a kobalu tiabolo nakini Atua, namerameraua gi Atua si bakilini ki mu.

21. Maloan mau e bu nieru toko loberakati aginai nasuma, serafuti agīnai e to kwia toko:

22. Me maloan nata e bi mau tolia e banamai bo merimatuaaa, e sela sera nieru aginai eka tumana allaiaaa, go e bakerou aginai seratrogo in nabou.

23. Nata e tiba bo tu neou mou, e bi teabota bakinou: go nata e tiba neou bo tu bilaguru mou, e sabaabiri.

24. Maloan te nimaruna mwota e tafe te natamol bau, e suwara ur alía kare bo tu bilaga namarmaroen; go e bo tiba bagmouria mou e tuli. Ago liliu aili nasam aginou aka tafeiaa bano.

25. Go e banamaisu bo bagmouria, e mela ea go e meriuaia tu.

26. Male e bano go e belaki merafalu larua nimaruna ru tolia niaau; go ru aili bano bo

metoos; go natamol wan eka sa e giki salafe, me e sa bikwilena selaitaku.

27. Go eka fakilini nai te en tuli tea mou wanaga, te nagaruni nafeta natamol eka floso bo tikinies, nakweli eka selatiko e maro go nasusuna kuka susus.

28. Me nai eka tuli, Ia me nara ru bo ta rogi nafisana gi Atua, go bo tu wisuukia ra maro bikwilena.

29. Ge nafeta natamol laba ru bo tu mou seisei, eka fasa tuli, Intago-natamole wanaga e sa: ru bilaga nafeifeien go rugo tiba libi te nafeifeiona mou, me nafeifeiena gi Iona brofeta, iskeimou.

30. Takanoeana Iona eka bi nafeifeien bakilini ki nakan Ninefi, takanoanaga nani natamol ego mera bi nafeifeien bakilini ki intago-natamol wanaga.

31. Nagaruni meramera ni Mastan ego tulena *mal* nafisabotaiena mera intago-natamol wanaga, go ego tubwagotefira: teka mwilu alia mwai mou ni intano bausmai ega alai namitametsana gi Solomon; go balio teamstuatoli Solomon naga.

32. Nakan Ninefi rugo tulena *mal* nafisabotaiena mera intago-natamol wanaga, go rugo tubwagotefira: nara te ruka subofao nafanouenagi Iona; go baleo, teamatua toli Iona naga.

33. Te nata e tukosu nesulu e tiba bati e bwelu to, kite a to atan ki siloa mou, me e to nakas nesulu, nara ru bo tu sili banamai, te ruga · lo namirama.

34. Nesulu gi nakwatokoma e bi nimitama; wan nimitama e wia, nakwatokoma mou wanaga e miramsa; me wan nimitama e sa nakwatokoma e maligos.

35. Tewanaga ba loberakati namirima te tuako tega tiba bi nimaligo mou.

36. Wan nakwatokoma mou wanaga e mirama, bo tu tika ki wora maligo, ego mirama bakouti takaneana nesulu o sor e kwia miramanika.

37. Go e wo te bisa, Farisai iskei eka firania te raga rua bami: go eka sio bano bo toatau ega fami.

38. Go Farisai eka libisi bo maga teko toatau ega fami bo tiba be fafana mou.

39. Go Nawot eka fisa bakinia bo tuli, kumu nafarisai ku batibisaki intaku las go blet; me emalebutomu e bura ki nafinakoen go nisan.

40. Bobotika, nai eka fati toane e to intaku, eka tiba mera bati toane a to emalebuto mou kite?

41. Ie ko bitu tea natrumiona toane ku lagkinia; go baleo, tea laba mou wanotu o magumu tare.

42. Me ko kumu nafarisai e sa bakimu! te ku bati ketrelima gi mint go reu go ecranakasu kik, go ku turubisi nafisabotaien go natrumiona gi Atua: e kwia ruga bati tea mou wanaga, go kuga tiba turubisi tea mou wana mou.

43. Ko kumu nafarisai e sa bakimu! te ku mosou teasakiaakiena feamou nasum nalotuena, go nafisatafiena namalela nafagkotoena.

44. Ko kumu natamol mitiri go nafarisai, ubokrita, e sa bakimu! te ku takus nimatigo ru

tiba enlina mou, go natamol ru bo tu suwara ur elagi era, bo tiba ataia mou.

45. Go natamole gi nafanouen iakei eka fisateraia bo tuli, natamol fanou, nañaan tebelosnaga ku mo suerigami ia.

46. Go eka tuli, ko kumu natamole gi nafanouen e mo sa hakimu! te ku bati natamol ru selasuki teaselation e bi selatiena sa, go kumu ku tiba meritrogi teaselationa netu ki nakinimu iakei mou.

47. Ko kumu kugo sa! te ku te nasuma nimaligo nabrofeta, go teamatua agumu ruka atugira.

48. Lesoko kumu ku tulseia nakbomu te kwia ki namerioua gi teamatua agumu : nara te ruka atugira me kumu ku ta nasuma nimatigora.

49. Tewanaga namitametuana gi Atua eka mera tuli, ago tubakilu bakita nabrofeta go nabositelo, go rugo batbunū segota go bat....sanaki segata :

50. Intra nabrofeta laba mou wanaga, ruka to ligoia ba selafe ni emeromina, tego bamasoko intago-natamol wanagaa ;

51. Da intra Abel bamou intra Sakaria, nai eka mate sa nimoata liantoumafau go nasuma tab : lesoko a tikimu ia, ego bamasoko intago-natamol wanagaa.

52. Ko kumu natamole gi nafanouen, e sa hakimu ! te ku selalusu kia gi naataiena : kumu ku tiba aili banamai mou, go ku tubwagori toane ra bo tu aili banamai.

53. Go nai e bo tu tuli tea mou wanaga bakita natamole mitiri go nafariasi ruka iasa alagora kinia bikwila, bo bati ega tuli tea laba ;

54. Bo tu guau rakinia, go bo tu bilaga litelu seratrogo ki nagolina ruga tubwasasana kinias.

XII.

1. Nafeta natamole manu manu te ru bo tu mou seisei, ai ruga tumara bagilagiera, eka fausa bisa baki natamol toatai aginui, bo tuli. Tea feamou ko tumamu loberakatimu ki lelena gi nafariasi, nai e bi ubokriai.

2. Te namatun e bweluen, go ego tibs enlina mou, e tika; kite e bi bweii, go ego tiba bi tea ataieus mou, etika.

3. Tewanaga tsa laba kugai tulia nimaligo, rugo rogia namirama ; go seratrogo ku tulia baki intaligena ebwago, rugo trogorog kinia nibou nasuma.

4. Go a tikimu natagu ia, ko tiba mitouki toane ru bo tu albunu nakwatoko mou ; go selaitaku ru bo tu tika ki seratrogo rugo mera batia.

5. Me ago biseikimu nata wan kuga mitoukinia: ko mitouki nata wan, naatubunuen e nusu, go o kasua ega sokokinia baki keena ; au, a tikimu ia, ko mitouki waneta.

6. Manu kik e lima ru tiba soria mune kik e rua mou kite ?

7. Me nalulu naboumu eka fofe bakoutia. Tewanaga ko tibu mitaku mou, ku wia toli manu kik e laba.

8. Go a tikimu ia, Sera nata te tulaeiou nirai in natamol, nani natamol ego mera tulaeia nirai ni agelo ni Atua.
9. Me nata e lalagoroou nirai ni agelo ni Atua, ego bi tea lalagoroena nirai in natamol, ego bi tea lalagoroena nirai ni agelo ni Atua.
10. Go sera nata tego tuli te nafisan baki nani natamol, ego manai mwilu ban : me nata e hiasa sana ki nimaruna Tab, ego tiba manai mwilu bano mou.
11. Go wan rugai belakimu baki nasuma nalotuen go baki nirai in nawota fisabota, go Nawot, ko tiba mitroabutuaki takanoai, kite toane kuga bisatcrarus. kite toane kuga tulia mou:
12. Weni Nimaruna Tab ego biseikimu toene e kwia kuga tulia mel iskeimou wan.
13. Go nata iskei nafeia natamol eka tikinias, natamol fanou, ba tiki bwaluga ia ega takbotai aerairogo lagkiena tunu.
14. Go eka tikinias, natamol, se eka tnousa aga magumu bi nawota fisabota kite natamol wotawota ?
15. Go eka fisa bakita bo *tuli*, ko lele go ko tumamu loberakatimu ki namiseroan : nata nasogana e laba kasu, te tiba moli isa mou.
16. Go eka tuli luaki iakei bakita bo tuli, Nifanoa gi natamol sogaleb iskei, Nafinagana eka wia !
17. Go eka tumana bisureki bakinia bo tuli, Ago bati ineefa ? ta tika ki alia aga bilaguru ki aginou naṅnaga natalimate is.
18. Go eka tuli, ago bati toanago : ago busiji ki aginou nasuma naṅnaga bakitau, go ago ta tea kwila tolis ; go aginou naṅnaga natalimato go aginou toa wia ago bilaguru ki bakoutiaaa.
19. Go ago bisureki baki natagu, nain *gu* ku lagki tea wia laba o tu raki intou laba ; ba marmar, ba fami, ba mun, ba lailai.
20. Me Atua eka tikinias, Uobotika, bog wanaga ego tagofiko nntama ; go tea mou wane ku bataukisukieuea ego bi tea gi ae ?
21. Takan oanaga nata o lu tu tumann maginni bilaguru ki nasogana, go e tiba bi sognieba baki Atua mou.
22. Go eka fisa baki natamol toatai aginai *bo tuli*, Tewanaga a tikimu ia, ko tiba mitroabutuaki natamu inaefa kuga famia mou ; kite nakwatokomu inaefa kuga sunia.
23. Nagmolien e matua toli tea famiena, go nakwatoko e matua toli tea aunoaan.
24. Ko atai berakati refou, te ru tiba lilou kite kilikili mou ; ilibwagoen kite nasuma naṅnaga aginara e tika ; go Atua e bakalira : e bi lesoko kumu ku wia toli manu o bikwila kasu.
25. Go segamu e mitroabutuaki bo taumiatai nakwatokon kubit iakei ia ?
26. Wan ku tiba batiatai tea akina giki mou, e kua kinia ku mitroabutuaki tea rafalu ?
27. Ko atai berakati naboma lili, takanoai e bisou : ru tiba wisiwis kite buu mou ; me a tikimu ia, maloan Solomon eka su bakouti nerakei aginai, eka tiba takikinia e gite teagate iakei mou.
28. Go wan namanon te to atalimate mais, go e baki nakabu-faga mitimei, Atua e takikinia

tebeloanaga, e bi lesoko bik wilena kasu ego tuamu tea sunean, natamol seralesoko e giki.

29. Go kumu ko tiba bilaga toane kuga famia kite toane kuga munugia mou, go ko tiba babutuaki mou.

30. Wani tea mou wanetu iolouna ni emeromina ru bilagas: go temamu e atai tea mou wanaga te kwia kimu.

31. Ia ko bilaga nameramerana gi Atua; go tea taba mou wanaga ego taumia bi agumu.

32. Ko tiba mitaku mou, talu-in-sib e kik; te tu naleo nakbo temamu ego tuamu namerama ranu.

33. Ko sori teagumu go ko fitu tea nairumicua; ko magumu bati inlinmune te tiba tuai mou, nasoga mu te nu sarafi naburou, alia wai natamol binako e tiba bakilini mou, go feko e tiba batas ki seratrogo mou.

34. Wani alia wai nasogamu e tokos, luane nakbomu ego mera tokos.

35. Ko tasuki namalomu tu, go nesulu agumu ruga tou sor;

36. Go kumu ko takus natamol ru bo toraki aginara Nawot, maloan ego liliu ba naliona nafitourica banamai; egai banamai go egai tumatuma, te ruga manai balagati marafirafi sa.

3⁷. Nitasila wan ru maro, Nawot ego banamai bo bagmourira ru bo tu lele: lesoko a tikimu ia, ego tumaoa tasukia, go ego batira rugo toatau, go ego banamai bo sukarou kita.

38. Go e bi fanamai naloon kuru kito naloon kitolu go e bi fagmourira takan oanaga, natasila wan ru maro.

3⁹. Me ko atai toanaga, Atulaki nasum tebi atai mal tubalise natamol binako ego banamai, e bi tu leo, go e bi tiba turubisia oga batiborai nasum aginai mou.

40. Tewanaga kumu ko mera merisukisuki toko: wani te mai ku tiba mitroskinia mou, nani natamol e banamai.

41. Go Detero eka tikinias, Nawot ku tuli luakia wanaga bakigami, kite e mera baki bakouti tealaba?

42. Go Nawot eka tuli, Se ei bi tasila bilesoko go mitanatua, Nawot ego bisakia nasum in kiena, ega tu nakau sum aginai aginara wata mal agana?

43. Tasila wan e maro Nawot aginai ego banamai bo bagmourira e bo tu bati takanoana.

44. Lesoko a tikimu ia, tego bisakia ego bakilag ki tialaba aginai.

45. Me wan tasila wan egai tulia nakbona, Nawot aginou e merimeliki nafanamaion aginai; go ego fassa bokati nikarikik; go nagarunikik; go ega bami; go ega mun; go ega mate ki namunuen;

46. Nawota gi tasila wan ego bakilini te naliati egai tiba leogoroea mou, go te mal egai tiba ataia mou; go ego tagotefia ega rua; go ego bati wata aginai ega ne wata gi t ane ru tiba seralesoko mou.

47. Go tasila wan eka ataisu namarakarakana gi aginai Nawot, go eka tiba merisukisuki kite

bati e takus namarakaraken aginai mou, ego bokatia bikwila.

48. Me nata eka tiba ataisuea mou go eka fati toane nabokatieu e bi nasokarien agana, ego bokatia e giki. Go sera nata e tuai tea bikwila, ego tagofia tea bikwila; go nata wan natamol ru tuai tea bikwila, rugo tagofia tea bikwila kasu.

49. Aka fanamai aga netaki nakabufaga baki intano; go ago marakaraka insafa wan e bo sor bakilag?

50. Rugo babitaisiou aginou nabtaisien, go takanakua a to tumagu tisukiou ba egai nu!

51. Ku mitroakinia taka fanamai aga bitu netomate intano? E tika, a tikimu is; me natakbotaiena.

52. Wani ba maloanaga, tealima rugo to nasum iakeimou bo tumara bi teabota bakita, teatolu baki tearua, go tearua baki teatolu.

53. Temalemeta nanoi ruga tumara bi teabota bakita; go temabwilita nagaruni; go temamwota nagaruni.

54. Go eka mera tiki nafeta natamol ia, wan ku libi intaiinlagi e saki ba wora ni elumusu, ku marefi tuli, Ua e banamai; go e lakan oanaga to.

55. Go wan Mastan e bo mouri, ku li, suisui ego toko; go o bakilini.

56. Ubokrit, ku ataikbotai nirai natano go naburou; me egua naga ku tiba ataikbotai mal oanaga mou?

57. Me e gua naga ku tiba tumamu bisabotai toane e lana mou?

58. Wan kumu mera walubota bakigo ra to ban baki nirai nawota fisabota, ba merimatua nabua kuga mwilu tua kinia; ebla touweruako ba libi nawota fisabota, go nawota fisabota ebla tu taaila ko, go taaila ebla sokokigo baki nasum inselseliena.

59. A tikigoa, kugo tiba tafeisa mou, ba ba kugai be sokari tea akina giki etaku mou.

XIII.

1. Go teawai ruka toko maloan, bo tu tikinia nakan Kalilai, Bilato eka fati intrara eka sokone intoumafan aginara.

2. Go Iesu eka finaterara bo tuli, Ku mitroakinia, nakan Kalilai mou wanitu, te ru toli bakouti nakan Kalilai nasigsigleoen, seratrogo tebeloanitu teka fakilini kita.

3. A tikimu ia, E tika: me wan kuga tiba subofao mou, kugo mera fuel bakouti e takusira.

4. Kita nara relim iakei tematí latolu, nasuma barou in Siloam eka aukigorira go eka fatibunuira, ku mitroakinia nara netu te ru toli bakouti nakan Ierusalem nasigsigleoen?

5. A tikimu ia, E tika: me wan kuga tiba subofao mou, kugo fuel bakouti e takusira.

6. Go eka tuli luaki waoaga; nata iakei eka lagki nakas fik, eka to bisou aginai atalimate fain; go eka fanamai bo tu bilaga nuanas, go eka tiba bagmouri mou.

7. Go eka tuli baki bou wisiwis atalimate fain, Baleo, intou tolu a banamai bo tu bilaga nuan

nakas fik wanetu, go a liba bagmouri tele mou: ba taluai ega fau; e gua naga ega mero bati intano e sa?

8. Go eka fisateraia bo tuli, Nawot, ba turubisia ega mera to intou wanetu ba ba ago gili kinia bo busi intalisa:

9. Go wan ega bati nuan, e kwia: go wan ega tika, kugo mallua taluai ega fan.

10. Go eka en fanoura nasuma nalotuen iskei naliati namarmaroen.

11. Go baleo, nagaruni eka lagki nimaru namacierien to intou relim iskei temati latolu, go eka en gusu tou, go eka tulena sarafi serali mou wane.

12. Go Iesu eka libisia bo sosea go tikinias, a ratiluako namaneineien aginago, nagaruni O.

13. Go eka tofia naruna: go eka marafirafii tulena, go eka seralomatua Atua.

14. Go Nawota gi nasuma nalotuena eka fisamaieto, Iesu teka buabakamouria naliati namarmaroen, bo tiki nafita natamol ia, naliati latesa to, e lena kuga wisiwis ia: tewanaga ko fanamai ega buabakamourimu ia, go ko tiba banamai naliati namarmaroena mou.

15. Tewanaga Nawot eka fisateraia bo tuli, Ubokrit, nata sikiskeimu e tiba ratilu bulumakou kiti as aginai ki naliina naliati namarmaroen, bo bolakia bano ega muna mou kite?

16. Go nagaruni wanetu, nani Abraam iskei, Satan eka selsukia, baleo, intou relim iskei temati latolu, e tiba lena mou aga ratiluai ki teaselaili wanetu naliati namarmaroen mou kite?

17. Go nai e bo tu tuli tea mou wanaga, nara ru bi walubota bakinia ruka maliore bakouti: go tealaba ruka maro bakouti seratrogo matua nai eka fatia.

18. Go eka tuli, Nameramerana gi Atua e takus insefa? Go ago tuli insefa e takusia?

19. E takus nabati musita iskei natamol eka selatia bo busia atalimate aginai; go eka bisou bakilag, bo bi nakas matua; go manu gi naburou ruka fanamai bo lou arana.

20. Go eka mero tuli, Insefa ago tuli nameramerana gi Atua e takusia?

21. E takus lefen nagaruni eka selatia bo tasarikinia nakwilou toto tola in flour ba ba lefen eka to useriki bakoutia.

22. Go eka suwara ur natokon go natokona kiki bo tu fanou go bo tu suwara lolo baki Ierusalem.

22. Go nata iskei eka tikinias, Nawot, nara ru moli nafakamouriena, ru batik, kite? Go eka tuli bakita,

23. Go nata iskei eka tikinias, Nawot, nara ru moli nafakamouriena, ru batik, kite? Go eka tuli bakita,

24. Ko merimatua ega kasua kuga aili ur nimeta e bi silawos; tealaba. a tikimu ia, te rugo bilaga aili uru ia, go rugo tiba batiataia mou.

25. Ba maloan atulaki egai tulena go kisuki nimetasa, go kugai baasa tu ekateme, bo tu tuli, Nawot, Nawot, ba maginami balagati; go ago bisateramu bo tuli, a tiba ataimu ku base mou:

26. Malo kugo faasa tuli, uka fami go mua niraiema, go kuka fanou nabua matua aginami.
27. Go ego tuli, a tikimu ia, ia tiba ataimu ku ba se mou; ko mwitu tua kinou bakouti ban, nalamol wisiwis agi maltagili.
28. Alia wai intagiena go naletereubatiena ego tokos, maloan kugo libi Abraam go Isaak go Iakob, go *kugo libi* bakouti nabrofeta, nalouna gi Atua, go kugo libisimu ku bi tea semusemunu ni etak.
29. Go rugo bakilini ba wora-ni-eluaaki go wora-ni-chumusu go tokalou go maatan, go rugo toatan nalouna gi Atua.
30. Go baleo, lete itakumou rugo feamou, go tete beamou rugo etakumou.
31. Go naliati iakeimou wan tete Farisai ruka fanamai, bo tu tikinias, Ba mwilu luanaga bano: Erot te marakaraka atugko.
32. Go eka tikitas, kugai bano bo tiki fokia wanimbas, Baleo, a kobalu tiabolo, go a buabakamouri, mais go mitimei, go naliati kitolu ago mate.
33. Mo e lena kinou aga suwara mais go mitimei, go naliata e rousia: brofeta te tiba bi te ega mate sa ataku ki Ierusalem mou.
34. Ko Ierusalem, Ierusalem, ku atugi nabrofeta, go nafakou bakigo ku netira ki fatu: sela bi eka marakaraka meraguru ki nanima, e gite toa e meraguru ki aginai nanina atanki nafarun, ga kuka tiba marakaraka mou !
35. Baleo, e turubisi naaum agumu ega milati: me lesoko a tikimu ia, kugai tiba libisiou mou ba bakilini maloan kugo tuli is, Tuga bisakwia ki toane e bo tu banamai nagie Nawot.

XIV.

1. Go eka fakilini nai toka aili naauma gi Nawot iakei gi nafarisai, naliati namarmaroen ega fami nakoou go nara ruka to loberakatia.
2. Go baleo, te natamole e su nisana gi trabai, eka to niraiena.
3. Go Iesu eka fisatera, bo bisa baki natamole gi nafanouena, go nafarisai, bo tuli, Nafuabakamouriena e mole naliati namarmaroen kite o tika ?
4. Go ruka funutan; go eka fuutia bo bakataouria; go tubakilui;
5. Go eka fisaterara bo tuli, Segamu wan as kite bulumakou aginai e troa baki moru ego liba marafirafi buluni naliati namarmaroen mou?
6. Go ruka tiba kasua ruga bisateraia tea mou wanetu mou.
7. Go eka tuli luaki baki natamole ruka fitoura, ekai libi takanoai ruka mitilu tea sakisakiena feamou; bo tu tuli bakita.
8. Wan te nata e bitouako baki nalioana nafitouriena, ba tiba toatan tea sakisakiena feamou mou; nai ebla bitou te natamole e wia toliko;
9. Go nata eka fitoumu ku ra trua, ego banamai bo tikigoa, Ba tuai luanaga; go male ku baasa malieri bo baki alia etakumou.
10. Me wan e bitouako, ba fano toatan alia etakumou; wan nata eka fitouako egai banamai, tego tikigoa, Tagu, ba aaki baki kobe; inale kugo matua nimita teajaba ku mou toatan kuga fami.
11. Sera nata to bo tu tumana bati e bakilag, ego bakitan; go e bo tu tumana bati e bakitan, ego bakilag.

12. Go eka tuli baki nata eka fitous, wan ku bati loulou famiena gi aliati kite agi gotafanu, ba tiba bitou natama mou, kite nabwaluma, kite namiterou aginago, kite nakan kiema ru bi aogaleba; nara rubila mo bitouakoa bo sokaria bakigo.

13. Me wan ku bati loulou famiena, ba fitou roko, goli, teafasa, mitakis:

14. Go kugo maru; nara te ru tiba sokaria ataia bakigo mou: wani ego sokaria bakigo mal natulenana gi tealena.

15. Go iskeiira ru bo mou toko eka rogi tea mou wai, bo tikiniaa, nai te bami nakoon nalouna gi Atua, e maro.

16. Go eka tikiniaa, natamole iakei eka fati inloulou famiena gi gotafanu, go eka fitou tealaba:

17. Go eka tubakilu natamole aginai mal nafamiena, ega tiki toane eka fitouraa, ko banamai; seratrogo laba te bo masokaok tok.

18. Go ruka fasaa garei bakouti, nakbota eka akeimou ia, Teafeamou eka tikiniaa, Aka fagkot nifanua iakei, go e bi aginou aga taf ban go aga libiaia: a firaniko ba turibiaiou aga tiba binote mou.

19. Go teabota eka tuli, Aka fagkot bulumakou relim iakei, go a ba batitrogira: a firaniko ba turubiaiou aga tiba binote atai mou.

20. Go teabota eka tuli, Aka fitouri nagaruni, go tea wai wane a tiba finote atai mou.

21. Go natamole wan eka fakilini bo tiki 'Nawot aginai tea mou wane. Male atulaki naauma eka maritous bo tiki natamole aginai ia, Ba marafiran taf ban baki nabua matua go nabua kik in natokona, go ba felaki roko, go goli, go teafasa, go mitakia, baki luanaga.

22. Go natamole eka tuli, Nawot, e nu e takus nafiauakien aginago, go alia būra e wo toko.

23. Go Nawot eka tuli baki natamol, Ba tafe baki nabua laba go nakoro nabua laba, go ba merasogiera roga fanamai, naaum aginou tega bura.

24. Wani a tikimu ia, natamole iakei agi tea mou wane aka fitoura ego tiba gatitrogi aginou nafamiena gi gotafami mou.

25. Go nafila natamole laba ruka mou bano me nai: go eka meraroa, bo tikitaa.

26. Wan nata e banamai libisiou go e tiba garei ki anafa mou, go bwilena, go anagaruni, go nanina, go nabwaluna, go nagerena, go aginai nagmoliena, e tiba bi to bi natamole toatai aginou mou.

27. Go te nata e tiba sela aginai teaturbunu, bo banamai rouisou mou, e tiba bi to bi natamole toatai aginou mou.

28. Wani segama e bo tu marakaraka ta nasuma, e tiba be toatan bo fife namurien agana, seratrogo aginai ebla batibakoutia kite ebla tika.

29. Nai ebla batau inlaken anagana e toko, go ebla tiba kasua ega batibakoutia mou, tealaba ru bo tu libiaia te rogo tiba fasa fukaru kinia mou,

30. Bo tuli, natamole wanetu eka maaa ta nusuma, go eka tiba kasua ega batibakoutia mou.

31. Kite se, Nawot, e bo tu binote ega bati Nawota bota nafakal, e tiba be toatan bo mitroakinia mou, ebla bi to bati walubota maau relima rua nafakal, ki aginai maau relim iakei kite ebla tika?

32. Go wan e tika, tasbota te wo to mwai kasu, e tubakilu natamole, bo firania raga tumara sera bakita.

33. Takan iskeimou sera nata amu te tiba turubisi bakouti teagieai, e tiba bi to bi natamole toatai aginou mou.

34. Tasmen e wis: me wan tasmen e mam, ego gkono ki insefa?

35. E tiba kwia ki intano kite toua ni intai mou: ru sokoba kinia. Nata e bo lagki intaligen ega rogo, ega rogo.

XV.

1. Go natamole bilatouaki taba go natamole sigsigleo ruka luba baki malitiga kinia ruga rogia.

2. Go nafarissi go natamole mitiri ruka taururu bo tu tuli, Nai wanetu te wiseuki natamole sigsigleo go ru mou bami.

3. Go eka tuli luaki wanaga bakita, bo tu tuli,

4. Segamu natamole iskei, aginai sib e bi buuti, go e batibuleki iskeiira, e tiba turubisi relim e lifiti temati e lifiti lia milati mou, go ba raki tea buele, ba e bagmouria?

5. Go e bagmouria bo bati e to nababuna, bo tu maro.

6. Go e banami baki suma, bo so seiseiki natana go nakan kiena, bu tu tikitas, Tuga mou maro, taka fagmouri sibi buele aginou.

7. A tikimu is, Namaroen tebela wanaga ego ;hikwila naburou naleo natamole sigsigleo iskei ebo tu subofao, me ego kiki naleo tealena rulim e lifiti tema: i lifiti nasubofaoen e tiba kwia kita mou.

8. Kite se, nagaruni, e bo tu lagki mune relim iskei, wan e batibueleki mune iskei, o tiba tuko neeulu mou, go sera nasuma, go bilagasebikwila, ba ba e bagmouria?

9. Go e bagmouria bo so seiseiki natana go nakan kiena, bo tu tuli, Tuga mou maro, taka fagmouri mune wan aka fatibuelekinia.

10. E tebela wanaga, a tikimu is, namaroen e to nirai ni agelo ni Atus nalvo natamole sigsigleo iskei e bo tu subofao.

11. Go eka tuli natamole iskei nanina eka rua.

12. Go takarik eka tiki anafas, mama ba tuou wata gi seratrogo e bi aginou. Go eka bwotai nasogana tuira.

13. Naliati e tiba laba mou e au, go nanina takarik eka seragurumaki bakouti seratrogo bo mwilu baki nafanua mwai, go eka sori bwaragoto nasoganas, bo tu bolofolo sa.

14. Nai eka sori bakouti suea, go nafitelos bikwilena eka fakilini ki nifanua wan; go nai eka faasa tika ki seratrogo.

15. Go eka fano bo ne natatoko iskei nifanua wan; go nai eka sua kinia baki atalimate aginai ega bagaai wago.

16. Go eka mesou nakwelina ega buka nouwilifamiena gi wago: go te wata eka tiba t'aina mou.

17. Go eka tumana ataia, bo tulia, natamole gi mama aginou e murira nawisien aginara ru bi, ru buka nakoon e bi namagafei tu, go kinu a bo mateas ki nafitelos!

18. Ago tulena bo ba libi mama aginou, go ago tikinisa, mama, aka fati nasignigleoen baki naburou go niraiema.

19. Go a tiba mo kwia kuga soou hi nanima mon : ba fatiou aga takus taaskeiira ku murire nawisiena.

20. Go eka talena bo banamai libi anafa; go uai te wo to mwaikasu anafa eka libisia; go eka rogaisaaa; go eka aru, bo troa baki nanoan go sumia.

21. Go nanina eka tikinias. Mama, Aka sigsigleo baki naburou go niraiema, go a tiba mo kwia kuga soou ki nanima mou.

22. Me anafa eka tuli baki natamol wisiwis aginai, ko selalu tea sunian e skina kwia go suagorias, go bati rig ega te naruna, go seu ega to naluon.

23. Go ko felakilu nan-bulumakou barua bo atugia; go tuga fami bo lailai :

24. Nanigu netu teka mati go e mo moli; eka fuele. go e mo bakilini. Go ruka fasaa lailai.

25. Me nanina takaleb eka mato atalimate : go e bo tu banamai baki malitiga ki nasuma, eka rogi naligana go insaliena.

26. Go eka so teaskeiira nikarikiki banamai, bo boususiis, insefa netu?

27. Go eka tikinias, Bwaluma te bakilini; go mafa e atugi nan-bulumakou barua, te mero boutia e bo tu roginouian.

28. Go eka maritous, go eka tiba marakaraka sili banamai mou. Tewanaga anafa eka tafe bano bo firania.

29. Go eka fiaatira, bo tiki anafsa, Baleo, intou taou wane tu a to sileiko, go a wo tiba sigbiri nafisnakien iskei aginago mou, go ku wo tiba tuou nan nanao mou kinami mera natagu te uga mou lailai :

30. Me nanima netu, te sori bakouti nasogama tu nagaruni mitanaaoi is, e banamai go ku manai atu nan-bulumakou barua.

31. Go eka tikinias, Nanigu, ku ncou to serali mou wanaga, go tea laba aginou, e bi aginago.

32. E lena tuga lailai go maro : bwaluma netu teka mate, go e mo moli; go eka fuele, go e mo bakilini.

XVI.

1. Go eka mo bisa baki natamole toatai aginai bo tuli, Natamole iskei Sogaleb eka lagki tasila : go ruka tubwaia tikinias te bo tu sori bwaragoto nasogana.

2. Go eka sosia bo tikinias, Insefa naga a trogko is? ba tulaei aginago nawisien in tasila; wani ku tiba bi to bi tasila toko mou.

3. Go tasila eka tumana tikinias, ago bati insefa? Nawot aginou tego selalu nawisien in tasila ou : a tiba kasua aga kili mou, go a maliere aga bitago.

4. A atai netia ago batis, wan a ruakota ki nawisien in tasila, te ruga wiesukiou ba:i nasum aginara.

5. Go toane ru wo tiba sokari seratrogo gi Nawot, aginai, eka so sikinkei kira banamai, bo tiki teafeamou is, Seratrogo bi ku wo tiba sokaria tu Nawot aginou mou?

6. Go eka tuli, Toto in narora bunti iskei. Go eka tikiniaa. Ba sela tusi aginago, go ba toatan maraдras̃ bo mitiri relim ega liroa.

7. Mau eka tiki teabotas, Go nago ku wo tiba sokari tea bi mou? Go eka tuli, Toto in wit bunuti iskei. Go eka tikiniaa. Ba sela tus aginago go ha mitiri relim ega latolu.

8. Go Nawot eka surosuroki tanila botagili, e tubwa aginai namerien namitamaluan : nani emeromina wannga te ru mitamatua toli nani namirama tea faka kieta.

9. Un kinu a tikimu ia, Ke magumu bati natumu mamona gi maltageli : wan ku mate, te ruga wissukimu baki listoen in serali.

10. Nata e bilesoko tea akina giki, e mo bi lesoko tea bikwilena : go nata e tiba lena tea akina giki mou, e mo tiba lena tea bikwilena mou.

11. Tewanaga wan ku tiba bi lesoko mamona botageli mou, se ego fafatuamu tea filesoko ?

12. Go wan ku tiba bi lesoko teabota mou, se ego tuamu teagumu ?

13. Te natamol iskei e tiba aileistai Nawot e rua mou : wani ego garei ki teaskei, go trumi teakerua ; kite ego gono ki teaskei, go mitroabiri teakerua. Ku tiba aileistai Atua go mamona mou.

14. Go nafarisai, natamole miseroa, ruka rogi tea laba mou wanetu : go ruka fukaru kinia.

15. Go eka tikitaa, kumu ku bi toane ku tumamu batimu ku lena nirai in natamol ; me Atua e Atai nakbomu : toane natamol ru mitroakinia e kwia berakati, e bi tea musukutakiena nirai ni Atua.

16. Nafanouen go nabrofeta ruka to ban bakilini Ioane : ba maloan ru trogorogki narogorogoanouis gi nameramerana gi Atua, go sera nata e mirigasua siliia.

17. Me e bi lobwalo naburou go intano te raga mwilu buele, go lokasua malmal kiki gi natanouena tega tiroa mole.

18. Sera nata e turubisi anngaruni go e bitouri teakerua, e touso ; go sera nata e fitouri nagaruni anuwota e turubisia, e touso.

19. Go te natamole iskei eka fi sogaleba, go eka su kulikul miel go kulikul batikik bo tu lailai bikwilena sera naliati :

20. Go te ruko iskei nagiena Lasaro, eka entano likau aginai, nakwatokon eka bura ki namanuk.

21. Go eka mesouna ega buka ki nafero te bo tu bera t a lia nafamiena gi sogaleba ; me koria ruka to banamai bo minaminai namanuk aginai.

22. Go eka fakilini, reko teka mate, go agelo ruka selatia binote baki naruma ni Abraam ; go sogaleba eka mero mate go ruka ofakinia

23. Ge e bo tu bituntunu keena, eka losabi bakiliag, bo libi Abraam mwai kasu, go Lasaro e en narumanan.

24. Go nai eka ñoso bo tuli, Mama, Abraam, ba rogaisaou, go ba suaki Lasaro, tega hugi namasu nakinina noai, go ba namenegu ega milati ; ta to bituntunu bikwilena mena-nakabu wanaga.

25. Go Abraam eka tuli, nagigu ba mitroaberakatia nago kuka su seratroga wia aginago mal nagmoliena aginago, go e gite toane Lasaro sera-

trogo ss; me mal oenaga, nai e maro toke, go nago ku to bituatuna bikwilena.

26. Tea laba mou wanaga, go e mero batisuki nakwelon maligoligo kaan e tobetailgita, nara ru bo tu marakaraka likougoto binote libisima, te ruga tiba batiataia mou; go nara ru bo tu marakaraka likougoto bakigami, te ruga mera tiba batiataia mou.

27. Go eka tuli, Tewanaga, Mama, a firaniko, te kuga suakinia ega baki nasuma gi mama aginou:

28. Wani nibwalugu ru lima; tega tulsei bakita, te ruga tiba mero banamai baki lia nafituntunuen wanaga mou.

29. Abraam e tikinias, Ru lagki Mose go nabrofeta; ruga rogira.

30. Go eka tuli, E tika, Mama, Abraam: ia wan egai mwilu teamate ba libisira, rogo subofao.

31. Go eka tikinias, wan ru tiba rogi Mose go nabrofeta mou, nata ebi mwilu teamate tulena, rubi mero tiba seralesoko mou.

XVII.

1. Go eka tuli baki natamole toatai aginai, E kasua berakati, tea tokonakiena tega tiba banamai mou; me e sa baki nata wan e banamai ia!

2. E kwia kinia roga liko fatumbua nanoan bo seliakinia baki intas e bua mitati, me e sa tega bati teaskei kita teakiki netu ega tokonaki.

3. Ko tumamu loberakatimu; go wan bwaluma e merisa kigo ba fanous; go wan e subofao, ba manai batilu.

4. Go wan e bakalarua merisa kigo naliati iskei; go e bakalarua meraroa bakigo naliati iskei, bo tu tuli, A subofao; bo manai batilu.

5. Go naboaitelo ruka tiki Nawotas, Da fati naseraleeokoen aginami ega bikwilu.

6. Go Nawot eka tuli, Kubi lagki naseralesokoena tebela nabati musita iskei, kubi tiki nakas sukamin waneta ia, Ba fakulu nakoam go ba tumama lousako intas ebua; go ebi rogi naliomu.

7. Go segamu aginai natamole bo kili intano, kite bagani wago bukal, bo liliu atalimati banamai, ego mallua tikinias, Da ta toatan kuga fami?

8. Me ego tiba tikinias mou, Ba merisukisuki tago fami, go ba tasuki kulikul aginago bo sukaron kinou, agai fami go mun; go selaitaku nago bo fami go mun?

9. E bisakwisuiaki natamole wan te bati toane e suakinias kite? A mitroakinia e tika.

10. Kumu ku mera takan oenaga tu, wan kugai bati bakouti toane e suakimuis, ko tuli naga, Tu tiba bi natamole wia mou. toane te bi tea nasokariena tuga fatia tuka fatia.

11. Go eka fakilini nai te to bano ega baki Ierusalem eka uru malibuto ki Sameria go Kalilai.

12. Go nai te to sili natokon iskei, leber relim iskei ruka suai ruka lou mato mwai;

13. Go nara ruka fioso bakilag bo tuli, Iesu Nawot be rogaisagami.

14. Go eka libisira bo tikitas, Ko ba bisaiki natamole toumafa ma. Go eka bakilini nara te ru mato binote ruka malu.

15. Go teageta iskei eka libiai te roginouian bo liliu bo tu bioso bikwila seralomatua Atua,
16. Go eka troa tabwalosua baki natuon, bo tu bisakwiauiakinia, go nai eka ñ Kano ni Sameria.
17. Go Iesu eka ñaa bo tuli, Relim iskei ruka tiba malu mou kite me tealiñti ro we?
18. Ru tiba liliu bakilini ruga tu Atua namatuana mou, me kano in liabota netu iskeimou.
19. Go eka tikiniaa, Ba tulena bo ban: namaralesokoen aginago e bakamouriko.
20. Go aufariaai ruka foususiaa, nagaa namerameruna gi Atua e banamai eka ñaaterara bo tuli, Nameramerana gi Atua e tiba banamai e gite tea libisiena mou:
21. Go rugo tiba tuli Baleo, luwa! Kito, baleo, limba! mou, wani baleo, nameramerana gi Atua e to malebuto kimu.
22. Go eka tuli baki natamole toa'tai naliati rugo banamai kugo mesouna kuga libi naliati iskei gi nani natamole is go kugo tiba libiaia mou.
23. Go rugo tikimuia, Baleo, luwa ; Kito, baleo, limba ; ko tiba tafe bano kite rouaira mou.
24. Wani takanoana niñli e bili talefa iskei in naburou, mirama baki talefa kerua in naburou ; nani natamole ego takanoanaga tu naliati aginai.
25. Me e bi tea ega bakilini, egai be rogitesa bikwilena, go intago natamole wanaga ruga tubwatubwea.
26. Go takanoai eka fakilini mal agi Noa, ega mero takau oanaga toku mal agi Nani natamole.
27. Ruka fanai, ruka mun, ruka ñtouri, ruka sori e lak, bano bamou naliati Noa eka alli iliba-

goanaa, go nobu eka fanamai, go batibumi bakoutiera.
28. Go eka fakilini takan iskeimou wanaga mal agi Lot ; ruka fami, ruka mun, ruka fagkota, ruka sori, ruka lilou, ruka ta nasuma ;
29. Me naliati Lot eka mwilu tua ki Sotomos nakabu go fatufaga eka kwa ba nabarou, go batibunu bakoutiera.
30. Ego takua tea mou wane toko naliati Nani natamole ego bakilinaa,
31. Naliati wan, nata wai ego to nasua nasuma go seratrogo aginai e tu imrou tu, ega tiba sua selatia mou: go nata e to atalimate, takan iskeimau ega tiba liliu banamai mou.
32. Ko mitroaberakati Lot auagaruni.
33. Wan te nata e bilaga muti nagmolien aginai ego batibuelekinia ; go wan te nata e batibuelekinia ego mutia.
34. A tikimu is, bog wan nata e rua rago to nimaolo iskeimou ; rugo fuuti iskei ban go turubisi kerua.
35. Nata erua rogo to ma tea skeimou ; rugo fuuti iskei ban go turubisi kerua.
36. Nata erua rago to atalimate ; rugo fuuti iskei bano, go turubisi kerua.
37. Go ruka ñaaternia bo tuli, E wa, Nawot ? Go eka tikitaa, Alia wai nakwatokon e tekoa ikel rugo mou seisei is.

XVIII.

1. Go eka mero tuli luaki iskei bahita, tabi lolena ruga tañuañaa bitubitube, go ruga tiba marobutuakiiaa mou,

2. Bo tu tuli, Nawota fisabota iskei eka to natokon iskei, bo tu tiba mitouki Atua kito lakolakoki natamol mou :

3. Go malib iskei eka to natokon wan ; go eka to fanamai libisia bo tu tuli, ba fati walubota bakinou ega sokari teaginou.

4. Go eka tiba marakaraka mou te mal ; me selaitaku eka tumana tikiniss, a tiba mitouki Atua, kito lakolakoki natamole mou ;

5. Me malib wanetu e to banamai batiou, go ugo inauai bati nasokariena, tega tiba to banamai bitubetuba bo batigasuakinou mou.

6. Go Nawot eka tuli, Ko rogi toane nawota fisabota botageli e tulis.

7. Go Atua ego tiba magi tea metiluan aginai bati nasokarien, ru bo tu gei firania aliati go bog, go e bo tu suki e barou naliora mou kite ?

8. A tikimu is, ego manara bati nasokarien marafirafi, Sa me wan Nani natamole ego banamai, ego bagmouri naseralesokoena intano kite ?

9. Go eka mero bias baki toane ruka to tuniara seralesokora te ru lena, go ruka to serateamole namerafalu, bo tikita luaki wanaga :

10. Natamole e rua raka saki baki nasuma tab raga tafiafiss ; tesakei Farisai go teakerus natamole bilatouaki taba.

11. Farisai eka skina loutu bo tafiafiss tuli tea mou wanaga, Atua, a bisakwianiakiga ta tiba gite natamole rafalu, ru binako, ru botageli, ru touso, go ta mero tiba gite natamole bilatouaki taba netu mou.

12. A bakarua bali wik iskoi, a bitu kerelima in tea laba a biatulakena.

13. Go natamole bilatouaki taba eka tu inwai bo tiba marakaraka losaki baki naburou mou, ine eka robagi narumana, bo tu tuli, Atua ba rogaisnou natamole sigsigleo.

14. A tikimu is, Nai wanetu eka lena bo sua baki suno aginai, me nai wan e tika : sera nata e bo tu tumana bati e bakilag, tego bakitan ; me nata e bo tu tumana bati e bakitan, ego bakilag.

15. Go ruka sela totou banamai ega meritrogira : me natamole toatai ruka libisia bo fanoura.

16. Me Iesu eka soeora banamai bo tuli, Ko turubisi Karikiki ruga banamai libisiou, go Ko tiba tubwagorira mou : wani nameramerana gi Atua e bi agi teatebele.

17. Lesoko a tikimu is, wan te nata ego tiba wisisuki nameramerana gi Atua mou e tukus karikiki, ego tiba siliisa mou.

18. Go te Nawot iskei eka foususias bo tu tuli, natamole fanou wia, ago bati inesfa bo biatulaki nagmolien in serali is ?

19. Go Iesu eka tikiniss, Ku soou kwia inaefa ? te nata e tiba kwia mou, me Atua e skeimou.

20. Ku atai natisuakiena, Ba tiba touseo mou, Ba tiba atunibou mou, ba tiba binako mi u, ba tiba bisuru natubwana mou, ba seralomatus mafi go bwilenes.

21. Go eka tuli, Tea laba mou wanaga aka losukisukia ba mal nafikarikien aginou banamai.

22. Go Iesu eka rogi tea mou wanetu, bo tikiniss, Ku wo tika ki tea akai : tea laba ku lag-

krinia, be soria, go ba fakerous tu rebe, go kugo lagki nasogama naburou; go ba fanamai rousiou.
23. Me mai eka rogi tea mou wanetu bo milesu toko; wani eka bi sogaleba berakati.
24. Go Iesu eka tibisia e bo tu milesu toko, bo tale, E Kasua berakati toane nasogeta laba raga sili nameramerasu gi Atua banamai !
25. Wani e bi teamole kamel ega sili nimeta turituri, me teakasua sogaleba ega sili nameramer- ana gi Atua.
26. Go toane ruka to rogo, ruka tuli, Go se e moliatai nafakamouriena ?
27. Go eka tuli, tea mou wane natamol ru tiba batistais mou, Atua e batistaia.
28. Go Betero eka tuli, Baleo, kinami uka turubisi tea laba, go rousiko.
29. Go eka tikitas, Lesoko a tikimu ia, Te nata e tika, te turubisi nasuma, kite teamatua, kite nibwalona, kite nagaruni, kite namina, naleo nameramerana gi Atua.
30. Tego tiba su tea laba kasu tolia mal oanaga mou, go nagmolien in serali emerowina itaku.
31. Go eka funti temati rua bo tikitas, Baleo, tu saki baki Ierusalem go tea mou wani nabrofeta ruka mitiria nani natamole, naleou ego soke bakoutiis.
32. Wani rago tu inlouna maligoe, ga rago fukaru kinia, go rogo bisalebakiuia, go rogo tanuea :
33. Go rago boketin bo stagia : go naisati ketolu ego mero talena.

34. Go aara ruka tiba mitroatai toaakei gi tea mou wanetu mou : go nafisana wanetu eka bweiu kita, go ruka tiba atai toane eka tulia mou.
35. Go eka fakilini, nai e bo baki malitiga ki Ieriko, go mitakis iskei eka toatan natigi kabua, bo tu fitago :
36. Go eka rogi nafeta natamole ru bo tu suwara bano, bo foususiis e bi insefa :
37. Go ruka tikinias, Iesu in Nazaret e bo banamai ban.
38. Go eka gei firani, bo tu tuli, Iesu, naui Tafit, bo rogaisaou.
39. Go toane ruka to bea bano, ruka fanous, ega bunutan : me nai eka mero gei floso bikwila kasu, naui Tafit ba rogaisaou.
40. Go Iesu eka loutu, bo fisuakiis raga belakia baki niraisna : go nai e malitigaisu, eka foususias,
41. Bo tu tuli, ku marakaraka inseta aga man- ago batai ? Go eka tuli, Nawot, tago mo leo.
42. Go Iesu eka tikinias, tsa leo : naseralosoo- koou aginago e bakamouriko.
43. Go eka termou mero leo, go eka rousia, bo tu seralomataa Atua : go narei ruka lo bakouti bo surosuroki Atua.

XIX

1. Go Iesu eka aili uru Ieriko.
2. Go baleo, kanen ru saki Sakaio, nai eka fi Nawota gi natamole, biiatouski taba, go eka fi sogaleba.

3. Go eka bilaga libi Iesu, nai se ; go eka tiba batiataia mou nafeta natamole, nai teka mwito.

4. Go eka uru baki kobe bo bagki nakae sukomor ega libisia : tega mallos ur nabua wan banamai ban.

5. Go wan eka fanamai baki alia netu, Iesu eka losaki bo libisia, go tuli bakinia, Sakaio, ba meri marafirafii bo sua banamai ; wani maie oanaga aga mato nasum agibago.

6. Go eka meri marafirafi bo sua bakitan, go eka wisisukin bo tu maro.

7. Go ruka libisia bo taurnuru bekouti, bo tu tuli. Te sili bano ega bi namanaki gi natamole aiguigleo.

8. Go Sakaio eka loufu, bo tuli baki Nawot, Baleo, Nawot, namagafei kerua gi nasogagu, a tu rekoa ; go wan aka bisuru tubwa te nata te namatun, a sokarin tuai e bate

9. Go Iesu eka tikiniaa, Maie oanaga nafaka mouriena te mera bakilini ki nasuma waoaga, wani nai te mera bi nani Abraam

10. Wani nani natamole e banamai ega bilaga go bakamouri teabuele.

11. Go nara ra bo tu rogi tea mou wanetu eka mera tuli luaki, naleo wane eka malitiga ki Ierusalem, go ruka mitroakinia nameramerana gi Atua e nag ega marafirafi bakilini.

12. Tewanaga aka tuli, Nani Nawot iakei eka faki nafanua mwai, ega wusi namerameran iskei ega bi aginal, go ega liliu banamai.

13. Go eka so natamole relim iskei aginai, bo tuira mune relim iskei, go tuli bakita, Ko te bati seratrogo ba ba ago banamai.

14. Me natatoko in kiena ruka gareikinin, go tubakilu nafakou ega rousia, bo tu tuli, U tiba mesou toanetu ega merikiyami mou.

15. Go eka fakilini, nai teka wusi nameramerana aginai bo liliu banamai, go eka tuli rugu so natamole mou wan banamai, eka tuira mune, tega atai netea nata eka to bati seratrogo bo suai.

16. Go teabo eka fakilini, bo tu tuli, Nawot, mune iskei aginago e batisu mune relim iskei.

17. Go eka tikiniaa, E kwia, natamole wia : te ku bi lesoko tea skina giki, ba fi Nawota gi natokona relim iskei.

18. Go teakerua eka fanamai bo tu tuli, Nawot, mune iskei aginago e batisu mune lima.

19. Go eka mero tiki toanetu ia. Go nago ba fi Nawota gi natokona lima.

20. Go teabota eka fanamai bo tu tuli, Nawot, baleo, mune iskei aginago, aka fati eka en tea kaatoru :

21. Wani aka mitoukigo, te ku bi natamole maritakona : ku selalu toane kuka tibe bati ito mou, go ku kili toane kuka tibolouia mou.

22. Go eka tikiniaa, Ago bisabotaiko nafisan aginago natamole semusemunu. Ruka ataion ta bi natamole maritakona, bo tu selalu toane aka tiba bati ito mou, go kili toane aka tiba louia mou :

23. Go e gua naga kuka tiba bati mune aginou baki nasum in mune mou, kina taga banamai bo wusia e ne namurien agana ?

24. Go eka tiki toane ruka tu malitigna, ku selalu mune iskei netu kiena, go ko tu atulaki mune relim iskei is.

25. Go ruka tikiniss, Nawot e lagki mune relim iskei.

26. Wani a tikimuis, Sera nata e bo tu lagki seratrogo, te rugo tuai; go e bo tu tika ki seratrogo, toane e mero lagkinia, rugo selaluai kiena.

27. Ia walubota babinou mou wan, ruka to tiba mararakaraka aga merakira mou, Ko belakira baki luanaga go ko atugira niraiegu.

28. Go eka tuli te mou wanetu bo bano baki kobe, bo tu saki baki Ierusalem.

29. Go eka fakilini wan eka malitiga ki Betfaki go Betani, baki intafa ru se ki intafa in Olif, eka tubakilu natamol toatai e rns aginai,

30. Bo tuli, Ko finole baki natokon e to kobe; kugo te sili bo bagmouri nani as e lukutia toos, te nata e wo tiba bagkinia mou: Ko ratiluai bo belakia baki loanaga.

31. Go wan te nata e bonsusimo is, Ku ratiluai inesfa? Takane kugo bisa bakinia, Nawot te mesou nawisien aginai.

32. Go toane eka tubakimira ruka fano, bo bagmouria takane eka tikitas.

33. Me nara ru bo tu ratilu nani as, atulakena ruka tikitas, ku ratilu nani as inesfa?

34. Go eka tuli, Nawot e mesou nawisien aginai.

35. Go ruka belakia bano libi Iesu: go ruka umbuagori nani as aginare kalikul sunean, bo baii Iesu e bagkinia

36. Go nai e bo tu bano, ruka bakiai kulikul sunean aginare nabua.

37. Go nai e bo tu malitigakisu nabatira ni intafa ni Olif, tous natamole toatai ruka fassa lailai bakouti bo surosuroki Atua seratrogo naskeimielan laba ruka be libisia, nalior e bikwila:

38. Bo tu tuli, Tuga bisakwis ki Nawota—meramera e bo tu banamai nagie Nawot: netomate gi naburou, go namatuan alia elagmou.

39. Go tete nafarisai nafota natamole ruka tuli bakinia, Natamole fanou, ba fanou tisaibel aginago

40. Go eka fisaterara bo tuli, a tikimu is, nara netu rubi fusntau, fatu rubi fiososei.

41. Go wan eka malitiga su eka lo natokona bo tagisia,

42. Bo tu tuli naga, nago rik kubi atai tea gi netomate aginago, aginago naliati wanaga! me e bo bwelu ki nimitama.

43. Naliati te rugo bakilini kigo, go walusiako rugo netaki baka taliferiako, go rugo e lifikigoriko, go rugo sogosogoniko neralia,

44. Go rugo batiko bakitan, go nanima malebutoma, go rugo tiba turibisi fatu aga enlagi fatu mou malebutoma; e tabwa toane kuka tiba atai mal netu e banamai libisikoms mou.

45. Go eka aili marumu tab bo be asa kobalu toane ru bo tu sori is, go bo tu bagkot;

46. Bo tu tikitas, eka mitiria e tu, Nasum aginou ebi nasume matafinafinou; me kuasus ks bacia e bi falis gi natamole binako.

47. Go eka en fanou nasuma tab aera naliati: Go nabou natamole toumafa go natamole mitiri go nabou nerei, ruka bilaga batibunua,
48. Go ruka tiba bagmouri te namatun ruga batia mou; wani nerei ruka nou fakitrogo, bo tu rogia.

XX.

1. Go eka fakilini naliati iakei gi teamou wan, nai e bo tu tafanou nerei nasuma tab, go bo tu trogorogki narogorogoanauia, nabou natamole toumafa go natamole mitiri nura nimariki ruka fanamai,
2. Go fia bakinia bo tu tuli, Ba tikigami nafinaotana tubalise ku to bati tea mou wanagaa, kite se eka tuoko nafinaotana wanetu?
3. Go eka fiaaterara bo tuli, Kinia ago mero bousuzimu seratrogo iekei; go ko tikinou ia:
4. Nababitaisiena gi Ioane, eka bi te in naburou, kite te in natamole?
5. Go ruka tumara bisa bakita, bo tu tuli, Wan tugo tuli, Te in naburou; ego tuli, Tewanaga kuka tiba seralesokoea mou e tubwa inaefa?
6. Go wan tugo tuli, Te in natamole; nerei rugo mou netigita ki fatu: wani ru seralesokoea Ioane te bi brofet.
7. Go ruka fiaaterara te ruka tiba tuliatai alia ' e beaaa mou.
8. Go Iesu eka tikitas, kina a mero tiba tikima nafinaotana tubalise a bati tea mou wanagaa mou.

9. Go eka faaaa tuli luaki wanaga baki nerei; natamole iakei eka lou atalimate fain, go eka fe tu nakan atalimate ia, go eka mwilo baun tokasu.
10. Go mal agana eka tubakilu nafakou ba libi nakan atalimate te ruga tuui toto nua natalimate fain : me nakan atulimate ruka bokutia bo tubwatubwea e bura ban.
11. Go eka mero suaki nafakou kerua : go ruka mero boka toanetu, ruka fati eka maliere, bo tubwatubwea e bura bano.
12. Go eka mero suaki teaketolu ; me ruka mero bati toanetu eka bi namanuk bo gobaluai binote :
13. Go atulaki atalimate eka tuli, Ago bati inaefa? Ago suaki panigu trumiena : mesa rugo libiaia bo lakolakokinia.
14. Go nakan atalimate ruka libiaia bo tumara bisa bakita bo tu tuli, Towanetu e bi atulakenaitaku : Ko finote taga atugia, seratrogo e bi atulakenaituku toga bi anigita.
15. Go ruka troailikinia baki etaku ki atalimate fain, bo atugia. Tewanaga atulaki atalimate fain ego batirao ega tubalise ?
16. Ego banamai go ego batibunu nakan atalimate netu, go ego tu natamole bota atalimate fain. Go ruka rogia bo tuli, Ega tika.
17. Me eka libiaira bo tuli, Inaefa naga e mitiria tu, Fatu mataisou nasuma ruka garei kinia, nai e bakilini bi nabou nawuakin ?
18. Sera nata e troa baki fatu wan ago maorsora; me te nata fatu wan ego troa netia, ego bi taaabaab e takua naran.

19. Go nabou natamole toamafa go natamole mitiri ruka bilaga buberakatia maloan ; go ruka mitouki nerei : wani ruka stain tika tuli luaki wanetu louiraa.

20. Go ruka mitiberakatia bo tabakila tealoulu, ruga bisuru tuli ru bi tealena, te ruga wusiberakati aginai nafisan, ruga bitenaa ban nawota ega tonakinia bo bati ega uai naleo nakbona.

21. Oo ruka foususiaa, bo tu tuli, natamole fanou u stai te ku bisa go fanou lena, go ku tiba mitouki nimita natamole mou, me ku biseiki nalua ni Atua nafilesokoen :

22. E mole toga tu Kaisar taba kite e tika ?

23. Me eka atai berakati namerien aa aginara, bo tuli bakita, Ku sursurmou iasefa ?

24. Ko biseikinou mune iskei. Nirai in se, go nagie ae e toosa to ? Go ruka fisaterain bo tuli, Te in Kaisar.

25. Go eka tikitas, Tewanaga ko tu Kaisar tea gi Kaisar, go ko tu Atua tea gi Atua.

26. Go ruka tiba kaaua ruga wisiberakati nafisan aginai mou nirai nerei ; go ruka maga nafisaterau aginai bo bunutan.

27. Me tete Satukai, toane ru bilulu tuli namerotulenan e tiba ; ruka foususiaa,

28. Bo tu tuli, Natamol fanou, Mose eka maginami mitiri, Wan bwalu te nata e mate anagaruni e toko, go nai e mate nanina tika, bwaluna tega bitou ri anagaruni go oga magi bwaluna bati naworaworana ega bakilini

29. Tembwaluta larua ruka to naga ; go teafe eka bitouri nagaruni, bo mate nanina tika.

30. Go karua eka fitouri anagaruni, go nai eka mate nanina tika.

31. Go ketolu eka fitouris : go e mero takusia tealarua : go ruka mate go nanira tika.

32. Go nagaruni eka mero mate itakumou.

33. Tewanaga ego bi nagaruni gi segata namertulenan ? Wani ruka larua bitouris.

34. Go Iesu eka fisaterara bo tuli, nani emeromina wanaga ru bitouri, go ru sori e lak :

35. Me toane ru kwia ruga bakilini emeromina wan, go namwilu teamate tulenana, ru tiba fitouri kite sori e lak mou :

36. Wani ru tiba mo mateatai mou : wani ru bataka skei me agelo ; go ru bi nani Atua bo tu bi nani namertulenan.

37. Me teamate te ru tulena Mose eka mera tuleaia aliu in namileskik, wan e tuli Nawot, Atua gi Abraam, go Atua gi Isaak, go Atua gi Iakobo.

38. Go e tiba bi Atua gi teamate mou, me agi teamouri : wani ru mouri bakouti bakinis.

39. Go tete natamole mitiri ruka fisatora, bo tuli, natamole fanou, ku bisa masoko.

40. Go ruka tiba mo fiare ruga boususia te namatane mou.

41. Go eka tuli bakita, E gua naga ru tuli Kristo te bi nani Tafit ?

42. Go Tafit nai e bisa tus in Saam, Iofa eka tiki Nawot aginou ia, Ba toatan matoegu,

43. Ba ba agai bati walubota bakigo ruga bi tea toena gi natuema.

44. Tewanaga Tafit e se ki Nawot, go e bi nanina tubalise?

45. Go nerei ru bo tu rogo bakouti, eka tiki natamol toatai aginai is,

46. Ko tumamu loberakatimu ki natamole miliri ru bo tu marakaraka suwara tea suneana barou go bo tu mesou nafisatañena namalelu nafagkotoen, go tea sakisakiena feamou nasuma naloluena, go alia feamou nalioana;

47. Itu litelu nasogata ki malib, go ru bisuru tafisafisa barou: sog ego luko louira e bikwilakasu.

XXI.

1. Go eka losaki libi sogaleba ru bo tu netaki nafituan baki ilitagoena nasoga.

2. Go eka mero libi malib iakei, reko, e bo tu netaki nuone kiki erua bakiis.

3. Go eka tuli, Lesoko a tikimu is, malib, reko nelu e netaki tea bikwila bakiis, me tealaba ru netaki tea kiki:

4. Wani nara laba, nasogata e bikwila go ru netaki telea ega bi nafituana baki Atua: me nai seratrogo aginai e kiki, e netaki bakouti nasogana.

5. Go tete ru bo tu tuli nasuma tab, te ruka rakei kinia fatu wia go nafituana, eka tuli,

6. Tea mou wanetu ku libisia naliati rugo banamai, fatu ego tiba enlagi fatu isa mou, te rugo tiba balibirisia bakitea mou.

7. Go raka fousumia bo tu tuli, Natamole fanou, tea wou wanaga ego bakilini nagasa? go inaafa ego bi nafeifeiena maloan tea mou wanaga e bo bakilini banamai?

8. Go eka tuli, Ko loberakati kuga tiba sasabo mou: wani tealaba rugo banamai nagilgu bo tu tuli, Kinu nai; go mal e baki malitiga; tewanaga ko tiba bano rouaira mou.

9. Go wan kugo rogi nafakal go naseriman, ko tiba bwilaki mou; wani tea mou wai e bi tea ega be bakilini; ia me toaue e nu is, e tiba marafirañ mou.

10. Male eka tikitas, Inlouna ego tulena bati inlouna, go nameramerana bati nameramerana:

11. Go neruru bikwila rugo to lia laba, go nafitiloa go nimatienas; go tea namtoukiena laba me nafeifeiena matua rugo bakilini naburou banamai,

12. Me tea mou wanetu e wo tiba bakilini kinu mou, rugo buutimu narura, go rugo batasanakimu, bo tu bitusamu baki nasum inseiseiena ban go nasum inselseliena, bo tu belakimu baki nirai in Nawota-meramera, go Nawot, naleo nagiegu.

13. Me ago bakilini ega bi agumu iatulaiena.

14. Tewanaga ko mitroasukisukia nakbemu, kuga tiba be mitroabutuaki nafisateran agumu mou:

15. Wani kinu ago tuamu nagoli, go namitamatuan, walubota bakimu rugo nou tiba bisagoroataia kite tigoroataia mou.

16. Go tematua *agumu* go nibwalumu, go nakeinaga *agumu*, go natamu, rugo bitnamu ban; go rugo batibunu te segamu.

17. Go teslaba rugo garei kimu, nagiegu e bi inlakena.

18. Me nalulu niboumu iskei ego tiba buele mou.

19. Nasukien agumu ko biatulaki natamu is.

20. Go wan kugo libi nabuk laba ru bo tu iliākigori Ierusalem, male e ko atsia tega milati maraūrsfi.

21. Malo toane ru tu Iutaia ruga sefa baki intafa; go toane ru toko malebutona ruga mwilu bano; go toane ru toko inlouna meroan ruga tiba siliis mou.

22. Nara te ru bi naliati nasokariena, toane e mitiria tu, nalion ega soko bakoutiis.

23. Me e sa baki toane ru bo tu tiena, go toane ru bo tu bitu susu naliate mou wan, wani nafanua ego sa bikwilena kasu, go nemaritouswen ego tou nerei wanaga.

24. Go rugo troa namena lofa, go rugo bi nimanamana baki serinlouna; go inlouna maligo rugo to basi Ierusalem ba ba mal ni inlouna maligo rugo nu.

25. Go nafeifsien rugo tu elu go atulagi go masei; go inlouna rugo sa bo malano nafanue; intas me nabeon e bo tu seraru;

26. Natamole sagmota turura ki namtakua go naleogoro tea ilakuen emeromina; wani tea kasua gi naburon rugo nuanua,

27. Go male rugo libi nani natamole e ne intalinlagi bo tu banamai nsakeimielana go namatuana bikwilena.

28. Go tea mou wai ru bo tu hasaa bakilini ko losaki go bati niboumu bakilng; wani selakik e sa tega netiluscmu.

29. Go eka tikita luaki, Ko libi nakas fik go sera nakas;

30. Wan ru bo sei su, Ku tumamu lostai atulag in aui te malitiga tokn.

31. Go kumu takanosnaga, wan ku libi tea mou wai e bakilini, Ko atai nameramerana gi Atua te malitiga to.

32. Lesoko a tikimu is, intago-natamole wanaga ego tiba buele mou, tea mou wai egai be bakilini bakouti.

33. Nabarou go intano rago buele; me nafisan aginou rugo tiba buele mou.

34. Go ko tumamu loberakatimu, nak'omu ebla mitagataga nafamlebana go namati ki namununanane, go namitrosbutuakiena gi nagmoliena, go naliati wan ebla burogota bakilini kimu.

35. Wani egite nafuagoro ego bakilini ki bakouti nakan seralia ni emeromina ni intano.

36. Tewanaga ko to leo, bo tu firaai serali, te kuga wia kuga to mwai ki tea laba mou wane ega itaku bakilini, go kuga tu nirai in ι sni natamole.

37. Go aliati eka en fanou nasuma tab; me bog tafe ban bo manaki intafa ru se ki intafa ni Olif.

38. Go nerei ruka bilibog sasa banamai libisia nasuma tab ruga rogia.

XXII.

1. Go nalioana gi tea tika ki lefen, ru se ki nafalikouiena eka malitiga.
2. Go nabou natamole toumafa go natamole miiiri ruka bilagas, takanoai ruga atugia be, wani ruka mitouki nerei.
3. Go Eatau eka sitifi Iuta, ru se ki Iskariote, teaskei agata relim iskei temati rua.
4. Go eka fano bo bisureki baki nabou natamole toumafa ko Nawota nafakaloe, takanoai ega belaktoutousa bakita.
5. Go ruka maro, go ruka tikinias ruga tuai mune.
6. Go eka suasua go eka bilaga mal nafeta natamole ru buele is, ega belaktoutousa bakita.
7. Go nalinti tea tika ki lefen eka fanamai, e lena ruga atu nafalikouienasa.
8. Go eka tubakilu Betiro go Ioane, bo tu tuli, ko fanou bo manigita merisukisuki nafalikouiena, te tuga fami.
9. Go raka tikinias, Ku mesouna raga merisukisukia luwe?
10. Go eka tikitas, Baleo, wan kumu ku bo tu sili su natokona, natamole iskei ego suamu, e bo tu sela tea san noai ; Ko rousia baki nasuma wai ego bano siliia.
11. Go kugo liki atulaki nasumas, natamole fanou e tikigue, Ebwago namanaki e we, ago bami nafalikouienasa mera natamole toatai aginou?
12. Go nai ego biseikimu ebwago nasum elag, e bikwila, ru meriusia tu : ko merisukisukiis.
13. Go raka fanou bo bagmouria takane ekai tikitas : go raka merisukisuki nafalikouiena.
14. Go our ekai bakilini, oka toalau, go aboaitelo relim iskei temati rua ruka mou.
15. Go eka tikitas aka mesounn bikwila tuga kabe mou bami nafalikouiena wanaga, ago mate ega itaku :
16. Wani a tikimu is, ago tiba mo fami isa mou ba ba nalion egai be sokosa namersmerana gi Atua.
17. Go eka fuuti lasa-mun, eka fisakwianis, bo tuli, ko fuutia, go ko tumamu bwotain bakimu :
18. Wani a tikimu is, ago tiba mo munu tea gi nas faini mou ba ba namersmerana gi Atua egai be banamai.
19. Go eka fuuti nakoou, eka fitu namitroakwiana bo sukwaia, gi tuiras, bo tu tuli, Toanetu ebi nakwatokogu, a magumu bitusaa : ko bati toanetu kuga mitroaberakatiou.
20. Takan iskeimou *eka mero tuira* lasa-mun, nafamiena te be nu, bo tu tuli, Lasa wanetu e bi nafisaleena fao intragu, e magamu toros.
21. Ia baleo, natu nata e bo tu belaktoutouou e neou toko lia nafamiena.
22. Go nani natamole e bano rik takanoana eka be tonakinia : ia, e sa baki natamole wai e belaktoutousa !
23. Go ruka fasaa tumara bonsusieras, segata e naga ega batia.
24. Go eka mera bakilini ruka bilea ki towa, segata ego lagoro akina matua.

25. Go eka tikitas, Nawota-meramira gi inlouna kwarakwara ru biatulakira : go ru ao toane ru bo tu bi Nawot aginara ki natamole meriwia.

26. Me kumu kugo tiba takanoanaga mou : ia eb segamu e matua ega kite takarik ; go nata e to tu meraki ega kite nata e bo tu silei.

27. Wani towase e skina matua nai e toatan ega fami, kite nai e sukarou ? Nai e toatan ega fami. Me kinu a to emalebuto kimu e gite nai e sukarou.

28. Kumu ku to neou toko mal nafatitrogoouena.

29. Go kinu a bisaleamu, e gite wan mama aginou eka fisaleou, nameramerana ;

30. Te kuga fami go munu aginou lia nafamiena, nameramerau aginou, go kuga sakisaki trono meroau bo tu bisabotai nafirakali relim iskei temati rua ni Israel.

31. Go Nawot eka tuli, Saimon, Saimon, baleo, Satan eka filagamu ega nifibakasakimu e gite wit :

32. Me kinu aka manago tafisafisa, naseralesokoen tega tiba me mou ; go wan nago ku meraroeau, ba fati nibwaluma ruga kamua tu.

33. Go eka tikinias, Nawot, e trakarakasu te taga rua baki nasum inselseliena go nimaticna.

34. Go eka tuli, A tikigoe, Betero, toa ego tiba taro mou maia oanaga, ba ba kugai bo bakatolu lalagoro aginago naatsiouena.

ꞏ 35. Go eka tikitas, wan aka tubakituamu, kuka bura ki nalinmune go bolo go seu kuka bi reko seratrogo kite ? Go ruka tuli, Uka tiba bi reko te nimatuna mou.

36. Male eka tikitas, me mal oanaga nata e bo tu lagki nalinmune ega selatia, go bolo ega takusia ; go nata e bo tu tiku ki lofa ega sori tea sunean aginai, go ega bagkot lofusa.

37. Wani a tikimu ia, Namtiri wanaga e wo bi tea nalion ega sokoouina, Go ruka takaskei foa e ne natamole sigsigleo : wani seratrogo anagagu e lagki toane ega nu ia.

38. Go ruka tuli, Nawot, baluo, lofa e rua naga. Go eka tuli, E bi tealoba.

39. Go eka tafe bano, e takusi subwina, baki intafa ni Olif ; Go natamole toatai aginai ruka mera rousia.

40. Go eka fakisu alia wan, bo tikitas, ko tafisafisa naga kuga tiba sili naseureuruoana mou.

41. Go nai eka sifa mwai kita, e gite malifa netien iskei, go eka tubatua, bo tafisafisa

42. Bo tu tuli, mama wan ba marakaraka ba selalu laa wanaga kiegu : ia me namarakarakan aginou ega tiba toko mou, me aginago.

43. Go agelo eka onlina bakinis ba naburou, bo tu bati e kasua.

44. Go eba rogitesa bikwilena kasu toko, bo tafisafisa gasuaaa, go toru aginai e gite nattura, intra e bo tu troa baki intano.

45. Gu eka tafisafisa ba te mo tulena, eka fanamai bakilini ki natamole toatai aginai bo bagmourira ki te nakbora bitumu ru bo tu maturu,

46. Go eka tikitas, Ku maturu gusaa ? Ko tulena bo tafisafisa naga kuga tiba sili naaursureeana mou.

47. Go nai e wo to bisa, baleo, naŝeta natamole go toane ru se ki Iuta relim iskei temati rua teagata iskei, eka feakita, go eka faki malitigia ki Iesu ega sumia.

48. Go Iesu eka tikiniaŝ, Iuta, ku belaktoutou nani natamole tewanaga ku sumia, na?

49. Go nara ruka to malitiga kinia ruka libi toane e bo bakilini, bo tikiniaŝ, Nawot, ugo atura lofa kite?

50. Go teagata iskei eka atu taŝila gi nabou natamole toumaŝa, go maŝigota intaligena ni matua.

51. Go Iesu eka fisa bo tuli, ko turubiŝiou ege bati toanaga iskeimou. Go eka meritrogi intaligena bo munutia.

52. Go Iesu eka tuli baki nabou natamole toumaŝa, go nawota naŝakal agi naŝuma tab, go tematua, te ru bakilini kinia tok, mesa ku ba raki natamole binako banawai, wani ku bu lofa go nabwe, na?

53. Wani tu mou te naŝuma tab sera naliati mou wanaga, go kuka tiba seiki narumu bakinou mou: ia wanaga ebi agumu mal go nakaŝuana gi nimaligo.

54. Go ruka foutia bo belakia bano, go ruka belakia baki naŝuma gi nabou natamole toumaŝa. Go Betero eka rousia mato mwai.

55. Go nara ruka to fisakoui nakabu e soro alia nakabu nimeta naŝuma, go ruka nou toatan to, Betero eka toatan emalebuto kira.

56. Me nagaruikik iskei eka libiaiŝ e bo toatan tilei nakabu go eka sikomou iŝ bo tuli, Go nai waneta ruka rua toko.

57. Me eka lalagoroŝ bo tu tuli, Kuruni, a tiba ataia mou.

58. Eka tokorik go teabota eka libiaiŝ bo tuli, Go nago ku bi teagata. Me Betero eka tuli, Kanoa a tiba bi teagata mou.

59. Go our iskei eka mo nu, teabota iskei eka fiŝagaŝuaŝa bo tu tli, Lesoko kanoa natu eka mera nea toko: wani e bi kano in Kalilai.

60. Me Betero eka tuli, Kanoa, a tiba atai toane ku tulia mou. Go marafirafi nai te wo tu bisa, toa eka tare.

61. Go Nawot meraroa bo sikomou Betero· Go Betero eka mitroaberakati nafiŝiana gi Nawot, eka tikiniaŝ, Toa ego tiba tare mou ba ba kugai be bakatolu lalagorou.

62. Go Betero eka tafe baki ekateme, bo tagi bikwila kaŝu.

63. Go nara natamole ruka to buuti Iesu, ruka fukaru kinia bo tu bokatia.

64. Go ruka leigori nimiteŝa bo robagi nimiena, go ruka fouŝuŝiŝa bo tu tuli, Ba fi brofet tulŝei nata wane eka tobagiko.

65. Go ruka to bisaŝaŝanakinia, tuli tem bota laba.

66. Go wan eka aliatiŝu, tematua gi nerei, nabou natamole toumaŝa, go natamole mitiri ruka mou seiŝei, go ruka belakia baki aginara naŝuma nafiŝabetan, bo tu tuli.

67. Mesa nago ku bi Kristo? Ba tikigami ia. Go eka tikitas, Abi tikimu ia kubi tiba seralesoko mou:
68. Go abi mero boususima kubi tiba bisaternou kita turubisiou aga fano mou.
69. Selaitaku nani natamole ego toko matuina ni Atua skina miel.
70. Go ruka bisa bakouti, Tewanaga nago ku bi nani Atua? Go eka fisa bakita *bo tuli*, Kumu ku tulia, kinu wai wanega.
71. Go ruka bisa, E kwia ki inaefa nata ega mo tulaein bakiigita? Wani tu tuunagita rogoluai nasin.

XXIII.

1. Go nara [tcalaba ruka tulena bakouti, bo belaki bano libi Dilato.
2. Go ruka fassa tubwaia, bo tu tuli, Uka fag'mouri toanetu e bo tu linaki nafa..ua e banabota, go ebo tu tubwagori ruga tu Kaiser taba, bo tu tumana tulia te bi Kristo Nawo'.a-meramera iakai.
3. Go Bilato eka foususias bo tu tuli, Nago ku bi Nawota-moramera gi nakan Iutaia? Go eka fisateraia bo tuli, Nago ku tulia.
4. Go Bilato eka tuli baki nabou natamole toumafa go nafeta natamole, A tiba bagmouri te nameriena natamole netu mou.
5. Go ruka maietos bo tu tuli, E bati nerei ru serima bo tu fanou useriki Iutaia, eka fe Kalilai banamai baki naga.

6. Go Bilato eka rogi Kalilai bo boususiia, natamol netu e bi Kano in Kalilai kite.
7 Go eka alaiberakatia te bi tea ni alia wabe Erot e meramerasa, bo suakinin ban libi Erot, nai e mera bo tu toko lerusalem maloan
8. Go Erot eka libi Iesu bo marnsa e bikwila; wani tealue eka mesouna ega libisia, eka rogia tea laba e bi inlakena: go eka lorakinia ega libi te nawisien nafoifeien iakei aginai.
9. Go nafiaana laba eka foususias; me nai eka tiba bisateraia te namatuna mou.
10. Go nabou natamole toumafa go natamole mitiri ruka loutu, bo tu tubwaia bikwilena kasu.
11. Go Erot mera natamole nafakal aginai eka seratesmole ia, go ruka fukaru kinia, go ruka suagoria tea suneana girigiri, bo mo suakiuia ban libi Bilato.
12. Go Bilato go Erot ruka mo tumara bi tara naliati wan: wani ruka be tumara bubosakita.
13. Go Bilato eka soguruki nabou natamole toumafa, go Nawot, go nerei,
14. Bo tuli bakita, Ku belaki natamole netu banamai libisiou, e gile e bo tu linaki ner·i ru banabota; go baleo, kinu eka foususira niraiemu, bo tiba bagmouri te namatun sa natamole netu mou, ku te tubwaisa:
15. Go Erot e tiba bagmouri mou: wani eka suakimu ban libisia; go baleo, e tiba batis e tubwa tea nimatiena mou.
16. Tewanaga ago baratia bo turibisia ega fano,
17. Subwiu e manara turubisi teaskei ega fano mai nalioana.

18. Go ruka bakaskei bioso bakouti, bo tu tuli, Ba meri toanetu, me ba maginami turubisi Barabas ega fano :

19. Wanai ruka sokokinia baki nasum inselseliena. naseriman iskei eka fakilini natokona go naatunibouena raka, bi ialakena.

20. Tewanaga Bilato e bo tu marakaraka turubisi Iesu ega fano, eka mo bioso bakita.

21. Me ruka fioso bo tu tuli, Ba turbunu, ba turbunuea.

22. Go aela kitolu eka tuli bakita, Teka fati insefa sa ? a tiba bagmouri te inlake nimatienasa mou: tewanaga ago baratia bo turubisia ega fano.

23. Go ruka maieto bioso kasus bo tu ñtago tega matu tea turbunu. Go naliora go nalio nabou natamole toanafa eka merimatus.

24. Go Bilato eka tonakinia ega takus nafitagoen aginara.

25. Go eka manara turubisi nata wan ruka ñtagos ega fano, eka to su nasum inselseliena e tubwa naseriman go naatunibouena ; me eka fitu Iesu baki namarakarakan aginara.

26. Go wan ruka to belakia binota, ruka buherakati Saimon Kano in Kurene e bo tu banamai ba namilsa, bo turubisi tea turbunv is ega selatia rousi Iesu.

27. Go tona nerei e bikwila, go nagaruui ruka rousia go ruka tagi bo tagisia.

28. Me Iesu eka meraroa bakita bo tuli, Kumu nagarusi ni Ierusalem ko tiba tagisiou mou, ia ko tumamu tagisimu go ko tagisi nanimu.

29. Wani baleo, naliati rugo banamni rugo tuli ia, Tearuma ru maro, go nakweli wane te totou e tiba bakilinasa mou, go susu te totou e tiba susu is a mou.

30. Male rugn baasa tuli baki intafa, ko sukigorigami ; go baki tefalu, ku tunigorigami.

31. Wan ru bati nakasu meta ki tea mou wane, rugo mero bati nakasu maritou ki insefa ?

32. Go namera rua bota, natamole merisa, ruka belakbilseikita me nai bana ruga batibunuira.

33. Go wan ruka fakilini ki alia ru su ki alianakofen, ruka turbunueusa go natamole merisa ra trua, teaskei matuina go teakerua mourina.

34. Go Iesu eka tuli, Mama, ba manara batilu; wani ru tiba atai toane ru to batia mou. Go ruka hwota kulikul sunean aginsi, bo netaki watasa.

35. Go nerei ruka loutu bo tu libisia, go nara mera Nawor ruka fukaru kinia, bo tu tuli, Eka muti teabota, ega tumana mutia, wan nai e bi Kristo tea mitiluana gi Atua.

36. Go natamole nafakal ruka mera fukaru kinia, bo tu baki malitiga, go bo tu seiki finekar bakinia,

37. Go bo tu tuli, Wan nago ku bi nawotameramera gi nakan Iutaia, ba tumamu mutiko.

38. Go tus iskei eka lou loauos, ruka mitiri toanagas, faka-Krisia, go faka-Roma, go faka-Iutaia, NAI WANAGA E BI NAWOTAMERAMERA GI NAKAN IUTAIA.

39. Go natamole merisa ra bo tu luko tou, teagana iskei eka fisasasoakinia, bo tu tuli, Wan nago ku bi Kristo ba mutiigita.

40. Go teakerua eka finateraia bo fanoua, bo tu tuli, nago ku mera tiba mitouki Atua mou, kite ? Wani ruka tubwagotiñko ku mate e takuaia.

41. Go e lena bakiigita, Wani ru batilgita e tubwa namerion anigita : me nai wanetu eka tiba bati te namatuo sa mou.

42. Go eka tiki Iesu is, Nawot, ba mitroabers-katiou, wan ku bakisu inlouna aginago.

43. Go Iesu eka tikinisa, Lesoko a tikigos, mais oanaga taga rua to Darateisa io.

44. Go eka lagora bi our kelatesa, go nimaligo eka to useriki bakouti iotano bano bamou our kelifiti.

45. Go elu eka maligo, go tuluki in nasuma tab eka maora malebuto.

46 Go Iesu eka fioeu ki leo bikwila bo tuli, Mama a bitu nimarugu baki naruma : eka tuli toane ba e nu, go namaron e aifa.

47. Go nawota nafakal eka libi toanetu, bo seralomatua bo tuli, Lesoko natamole netu eka lena.

48. Go toua natamole laba ruka mou seisei ruga libi toanaga, ruka libi tea mou wane e bakilini, ruka to robagi narumara, bo liliu bano.

49. Go nataua laba go nagaruni te ruka mou rousia ba Kalilai banamai, ruka loutu mwai ruga libi tea mou wane.

50. Go baleo, banoa nagieua Iosef, natamole fiaabota iakei ; Kanoa wis go lena :

51. Nai eka tiba suasua naliora go nameriena aginara mou ; e bi tea ni Arimataia natokona gi nakan Iutaia : go nai netu eka mera toraki nameramerana gi Atua.

52. Nai eka fanamai libi Bilato bo tagoña nakwatoko Iesu.

53. Go eka fuatia bakitan bo loigoria kulikul batikik, go eka turubisia nimatigo, moru-fatu, te nata eka tiba be entanoea mou.

54. Go eka bi naliati namerisukisukiena, go Sabbat eka malitiga.

55. Go nagaruni wan meroan nara me nai ruka mou ba Kalilai, ruka rousia bo libi nimatigo go takanoai nakwatokon eka entanoea.

56. Go ruka lilin bo merisukisuki tea nabowia go tea loñ nabowia ; go ruka marxar Sabbat e takua nafanouena.

XXIV.

1. Go naliati bea gi wik, bilibogasaa, ruka sela tea nabowia rukai merisukisukia bo banamai baki nimatigo, go tearafalu ruka mou banamai.

2. Go ruga fagmouri fatu e maliilu ba matoko.

3. Go ruka sili bano bo tiba bagmouri nakwatoko Iesu Nawot mou.

4. Go eka fakilini, nara te ru to seramakotos, baleo, natamole e rua raka fakilini kita kulikul suneana girigiri :

5. Go nara ru bo tu mitaku bo tu gusu baki iotano, raka tuli bakita, E gua naga ku bilaga teamouri malebuto ki teamate ?

6. E tiba to naga mou me e tulanasu: Ko mitroaberati takane eka bisa bakimou wan eka mato Kalilai,

7. Bo tu tuli, Te bi tea ega bakilini, ruga bitu naai natamole ban baki naru natamole aigaigleo, go ruga turbunuea, go naliati kitolu ega mero tulena.

8. Go ruka mitroaberakati nafisan aginai.

9. Go ruka liliu ba nimatigo, bo trogorogki tea laba wanaga baki relim iskei temati iskei, go baki tealaba meroan.

10. Mere Maktalene, go Ioana, go Mere *bwile* ni Iakob, go teameroan ruka mou toko, ruka tiki abositelo tea mou wanaga.

11. Go nafisan aginara eka takus narogorogoana mole nimitera, go ruka tiba serales)kora mou.

12. Me Petero eka tulena bo uru baki nimatigo; go eka gusu bo libi kulikul e en molu en, go eka fano, bo seramakota toanaga to emalebutona.

13. Go baleo, teagata ra trua raka fano naliati wan baki to natokona kiki, nagiena Emmau, e bi mwai ki Ierusalem mail e larua.

14. Go nara raka to tumara bisureki bakita tuli tea laba na e bakilinisu.

15. Go eka fakilini nara to ra to bisureki, go fouusuia, Iesu eka tumana baki malitiga go ruka to mou bano.

16. Go nimitera ruka banabota ruga tiba ataia mou.

17. Go eka tuli bakita, narogorogoana kua ko ro en bisurekinia, wani ko ro to bano milesuiaa toko?

18. Go teagana iskei, nagiena Kleoba, eka fisateraia bo tuli, Mesa nago ku skeimou manaki Ierusalem bo tiba atai tea mou wano o bo bakilinisu mal oanaga mou?

19. Go eka tikitas, Tea kua? Go raka tikinias, Tea gi Iesu in Nasaret nai eka bi brofeta skina miel nawisiena go nafisan, nirai ni Atua go nerei laba:

20. Go takane nabou natamole toumafa go Nawot aginami ruka fituesa bano ruga tubwagotefia, go ruka turbunuea.

21. Go kinami uka fafatnis nai to bi *nafa* wal ego mallua netilu Israel: tea wai wanaga toko, go mais oanaga e bi naliati ketolu agana ruka fatibakoutisu tea mou wane.

22. Go tete nagaruni aginami rafalu ruka mera serabirikigamiis, ruka bilibog-sasa baki nimatigo;

23. Go ruka tiba bagmouri nakuatokona mou, bo banamai, bo tu tuli, to ruka mera libi agelo ra trua raka fakilini kita bo tu tulia Nai to moli to.

24. Go teaggami rafalu u mou toko ruka faki nimatigo, go ruka fagmouria e gite toane nagaruni ruka mero tulia: me ruka tiba libiaia mou.

25. Me nai eka tuli bakita, Bobotika go emalebutomu e meliki kuga seralesoko sakoutl toane brofeta ruka tulauea:

26. Eka tiba bi tea ega bakilini mou, Kristo tega rogitem tea mou wane, go tega aili aginai namatuana kite?

27. Go eka faaaa tikibotaira seratrogo anagana ruka mitiria e to tus ini Mose go nabrofeta laba.

28. Go ruka faki malitiga ki natokona kiki ruka to bakilo; go nai eka fati egito ega mato binote.
29. Go ruka marisogiia, bo tu tuli, Tuga tolu toko: te bi golafanu go elu te ba liko matou. Go eka sili neira te.
30. Go eka fakilini ruka mou toatan ruga fami, go eka sela natokou bo bisakwiania, go eka sukwaia bo tuira.
31. Go nimitera ruka misei, go ruka ataia; go nai eka mero buele kita.
32. Go ruka tumara tikitaa, Nakbogami eka tiba to sor nakwilougami mou kite, wan eka bisa bakigami nabua, go wan eka maginami tulibotai tusi?
33. Go ruka tulena our wana, bo liliu baki Ierusalem, go ruka fagmouri relim iskei temeti iskei ruka seisei en mera nara wane ru mou toko,
34. Bo tu tuli, Nawot te tulenasu lesoko, go eka fakilini ki Seimon.
35. Go nara ruka tolsei toane e *bakilini ki*'a nabua, go takane raka ataia nasukwa nakoou en,
36. Me nara te ru en tuli tea mou wane lesu eka tumana loutu emalebuto kita, go e tikitaa, netomate ega bi agumu.
37. Go ruka bwilaki me mitaku toko, bo naga au libi nimaruna iskei.
38. Go eka tikitaa ku malano inaefa? go bobomitroakisera e bakilini emalebutomu e tubwa inaefa?
39. Ko libi narugu go natuogu, Kinu wai lesoko wanaga. Ko meritrogiou go ko libisi;

nimarum te tiba lagki nahwakaa go nafato e gite toane ku libisiou a bo tu lag kinia mou.
40. Go eka tuli toane bo biscikita naruna go natuona.
41. Go nara te ru wo tiba seralesoko mou namaroen e bi inlakena, go ru bo tu mage, eka tikitaa, Ku lagki tea famiena naga kite?
42. Go ruka tuai namitela neika fen iskei go tete uci e to lasana.
43. Go eka selatia bo bamia niraiera.
44. Go eka tikitaa, Nafinau mou wanaga aka to tikimu ia wan tuka mou toko, tea laba ruka mitiria e to tusi nafanouena gi Mose, go tusi gi nabrofeta, go tuai in Seam anagagu, te bi tea ega bakilini, nalion ege soko bakoutiiaa.
45. Male eka fati nakbora e misei ŵ ruga mitroatai tusi,
46. Go eka tikitaa, Takane ruka mitirisuea e tok, go takane eka bi tea ega bakilini, Kristo ega rogitaaa, go ega mwilu teamate motulena naliati ketolu:
47. Go ruga trogorogki nasubofac na go nafatilu nasigaigleoenana naleo nagiena baki serinlouna mousnaga, te be ba Ierusalem.
48. Go kumu ki bi natamole tuisei agi tea mou wane.
49. Go baleo, a tubakilu toane mama eka fisaleoe ega to mu: me kumu ko mato natokon ini Ierusalem ba ba ku su nakasuan ini elag.
50. Go eka feiakiluira bano baki Betani, go eka ake naruna bo bisakwiakita.

www.ingramcontent.com/pod-product-compliance
Lightning Source LLC
Chambersburg PA
CBHW020308170426
43202CB00008B/533